不好意思**请问一下**，
我是在跟你妈谈恋爱吗？

别拿自己的女朋友跟任何女人比，包括你妈。

4 爱挑刺儿

你这车怎么开的啊！
你这身衣服颜色不好看！
你到底会不会点菜啊！

滚！有多远滚多远，
外太空需要你！

对于语气里的嫌弃，
女生的敏感度绝对超乎你的想象。

5 体重

谁瘦你找谁去啊！

你怎么好像**胖**了？
这顿少吃点儿吧。

既然交了女朋友，
就把"胖"字从字典里抠掉吧。

6 拿"天生"说事

今天你洗碗吧.

我不想洗，你们女的天生不就该洗碗吗？

那你怎么不去买豪车、买别墅？男生天生就该这样啊！

你可以懒，
但是在她想偶尔懒一下的时候除外。

---

7 不耐烦

别磨蹭了，
眼睛多化两笔少化两笔有区别吗？

你还是自己出门吧，
本姑娘不去了。

有可能迟到和有可能被甩，你自己选吧。

---

8 无所谓

就你这点儿酒量还跟人喝酒？
说，是不是替哪个小姑娘喝的？

张小树曾经遇到 n 多次杨小花给他埋的雷、挖的坑

......

......

......

其实都是有逻辑的

......

雷区之一

这些最招女生讨厌的话，都是你不能踩的雷。
以下，因杀伤力巨大，以身试法者，后果自负。！

---

① 提到前任

你怎么还没静静
〈前女友〉懂事？

那你就去追回
你前女友吧！

相信我，女生听见这句话恨不得直接抽你。

---

② 认错太敷衍

行行行，就当我错了
还不行吗，我的姑奶奶？

当~你错？
别，千万别，我错，啊，我！错！

女生本来就觉得自己有理，
你这么一说，她立马就变无理取闹了。

---

③ 妈宝男

我妈说 别老买奢侈品，不值
我妈说 老美甲不好
我妈说……

随便你吧，
你非这么想，那我也没办法……

敲黑板划重点啦：这句话一出，
女生只会觉得你在冷暴力。

9 红颜知己不嫌多

静静？
谁是静静？

一哥们儿的同学，
你看你，整天疑神疑鬼，
神经兮兮的，有病。

好啊好啊，那
下回小林哥哥打电话
找我的时候你也别拦着啊。

谁？小林？
还哥哥？哪个小林？

你知道女人最可怕的是什么吗？
不是作，也不是内心戏多，
而是直觉。一旦跟她玩猫腻，
后劲儿大着呢。

雷区之二

听到这些话，别管她如何回答，也别管她是多好的脾气，心里基本都藏着另一句潜台词。特别是赶上她心情差的时候，这些话句句都是雷。

1 多喝热水！

你当水是什么，杜冷丁？吗啡？还是十全大补汤？

这句话从男朋友的嘴里说出来，基本就等于例行公事加不走心。

2 你又怎么了？

又？你爱怎么样就怎么样！懒得理你！

听起来，你女朋友就像个熊孩子似的，整天故意找你麻烦。
如果再搭配上你皱着眉头的那副苦瓜表情，绝了！

3 我在忙！

你忙，你日理万机，我就是无所事事的无业游民吗？

有些话，不是不能说，而是不能老说。这句话就是其中之一。

4 说了你也不懂。

真想知道你的这种智商优越感是打哪来的……

女生对优越感这种东西异常敏感，甚至异常排斥，听到类似"告诉你了也没有用""跟你说了你也不认识"之类的话，她会觉得这并不只是轻视，还藏着他的生活不想让她过多参与的态度，不生气才怪。

5 我开玩笑的，你这么认真干什么？

……

这是典型"一句话噎死人""一句话把天聊死"，女生听了，基本都不知道该怎么往下接了。

6 那你忙吧！

我不忙，你想去打游戏找哥们喝酒就直说吧。

有些话，明摆着就是结束对话用的，就像这句。所以，还是少玩一点儿套路吧，女生懂的。

7 随便.

没有为什么，就是讨厌这俩字.

吃什么？去哪玩？看哪部电影？
如果你总回答"随便"，女生的一种解读就是
这男生没主见，而另一种解读就是"你自己看着办呗，
如果不好你自己负责，不要烦我。"

8 哦.

惜字如金，那是对待备胎的方式吧？

看电影去吗？

好.

你今天加班？

嗯.

晚上吃火锅？

行.

你来接我吧？

哦.

如果真的很喜欢一个人，哪怕你再忙，
也不会总这么一个字一个字地回复她的。

9 你还想让我怎么样？

请问一下"男版小白菜"，我到底是让你爱了多少委屈啊？

所谓的恩爱，其实就是好好说话，
就这么简单，而女生想要的，往往也就这么简单。

10 爱信不信。

Bye...

你这就是摆明了不想沟通了，那我也会啊。

同样的话还有"我懒得跟你争""算了算了"，
女生听到这些，生气指数和暴力倾向会立即飙升。

11 你怎么这么话多！

爱你才愿意跟你谈天说地，不爱你谁愿意跟你多说半个字！

女生只喜欢向信任的人倾诉，这是骨子里自带的属性，
如果跟你"啰唆"，但凡聪明一点儿的，
都应该高兴才是。

雷区之三

直男癌的每一句话，都能让人在内心上演一出年度大戏。

1 你们女生打扮不就是为了给男生看的吗？

拜托，你脑洞别开那么大好吗？

基本上，女生想做什么、想怎么打扮，原因只有一个，那就是——我喜欢。

2 有钱的男人只会贪图你的美貌，我这种矮矬穷对你才是真爱。

呵呵，呵呵，呵呵呵呵。

瞧，直男癌基本上就是用来毁三观的这么一种存在，服不服？

3 你就是看不起我，你就是嫌我穷。

我哪里敢嫌你穷啊？我那是嫌你丑、懒还没上进心！

你用一句话就想给女生扣上"拜金女""虚荣""物质"的黑锅，可问题就是你穷你有理？

④

一个女孩如果太拼，
一定是为了嫁给有钱人，
当全职少奶奶。

我这么努力，
不是为了嫁给谁，
而是为了不用嫁给像你这样的人。

直男癌最大的问题就是永远不能就事论事。

⑤

我是儿子，
我们家就我一个孩子，
所以……

你是视力有问题吗？
我妈我爸也就我
这一棵独苗好吗！！！

别拿家庭状况说事儿，那其实并不高明。

⑥

男人劈腿很正常，
逢场作戏而已，
女人对此要大度。

请问，
你小时候的
思想品德课都是谁教的？

就四个字吧：谁规定的？！

7

女生拎个名牌包，一定是男人送的。

这位先森，你说你是不是有病？我帮您打120吧。

用某网友的话来说，跟直男癌讲话、讲道理，简直可以列入满清十大酷刑了。

8

跟我分开，你再也找不到像我这么好的男生了。

巧了，我也这么想的，我倒是怕我再遇到像你这样的。

真的，遇上一个直男癌晚期患者，任你有多少表情包都不够用。

9

女人就该能干点儿，最好能自己开车、洗衣服、做饭、打扫卫生、带孩子、赚钱、自己逛街。

我们管这样的女人不叫已婚，叫丧偶。

"你们女人就是……""你们女人就该……"
这种动不动就牵涉一个群体的论调，
已经不是不科学、不公平的事了，而是荒谬吧！

10

从身高、长相到学历，
男生选女朋友可以有一百条标准，
但是女生选男朋友只要两条就够了，
一是男的，二是活的。

你是生活在封建社会吗？
喂，醒醒，醒醒！

确实是啊！

……

治疗直男癌这件事，估计一般的女生是做不来的，
基本上，你只能寄希望于他找到一个
功力深厚的"作女"，
负负得正，他们彼此相爱，就是为民除害。

雷区之四

女生最受不了的男生十大不靠谱穿搭 ！

有些时候，一个男生的穿着打扮
真的会让女生恨不得装作不认识他。

1 黑皮鞋配白袜子

你俩一定要这样互相伤害吗。

2 全身上下能混搭出七八种颜色

如果你实在不想相亲又不得不去，
那就这样穿吧，OK 的。

3 凉鞋配棉袜

相信我，此时此刻坐在客厅里
看电视的我爸都不会有这样的审美。

4 内裤边露出一截

买了一件新衣服没有剪去吊牌
就穿出来的感觉你懂吗？懂吗？

5 Polo衫领子非要竖起来

亲，天鹅颈的效果可不是这么来的哦。

6 白衬衫里面不穿背心或T恤

我猜，你一定是忘了人会出汗，出很多汗这件事。

7 背心款被当马甲穿

大概连老佛爷卡尔·拉格斐也挽救不了你的品位。

8 紧身款T恤、裤子，紧到不行

你们去找隔壁老李那双超级尖头皮鞋哭一会儿吧。

9 牛仔裤上挂N串链子

哥们儿，你不 out 谁 out？

10 仿皮草大翻领

嗯，好吧，你自己高兴就好。

前言

如果你问一个男生这个世界上最难搞定的是什么，他的答案也许不是难缠的客户、强势的上司、棘手的项目，也不是洗衣服、做饭、打扫屋子，而是自己的女朋友。

男生不明白，为什么她前一秒还是"山无陵天地合"，后一秒就"说不爱就不爱了"？

为什么还没开始谈恋爱的时候，她是温柔可爱识大体，通情达理不矫情，可真的谈起恋爱来，她就好像变成了满腹牢骚的祥林嫂、受尽委屈的小白菜、折磨人的小妖精？

为什么她心情好的时候像天使，但心情差的时候就变成了一个行走的炸药包？一言不合就开启虐男友模式。

为什么她明明说不用自己陪，明明说不喜欢送她花，明明说不想看电影，结果自己真按照她说的做了她却不高兴了，连着哄了三天还没好？

男生当然知道女人都是需要哄的，也明白女生多半是因为

在乎才会敏感、才会闹、才会作，但理解归理解，真正经历的时候，自己的小心脏还是像受到了一万点暴击一样，简直生无可恋。所以男生们凑在一起难免会大吐苦水：究竟是谁发明的情人节？！为什么男生好像必须要学会服软、送花、当出气筒？！女人的心还真是海底针，我觉得不管我再 get 多少新技能都不够用。

于是，男生个顶个都恨不得自己能会读心术，希望自己能读懂女生所有的口是心非和欲言又止。

女生，特别是在还很年轻的时候，几乎个个都有红楼梦十二金钗综合征，她们总会有意无意地全方位、无死角地考验爱情。她们会关心"你去哪？和谁？回来的时候还爱我吗？"所以，有时候女生压根儿不知道、不认为自己在作，可是男生就觉得她那是胡搅蛮缠，是无理取闹。

或许，很多爱情都是这样吧——始于不爱时的温柔体贴、善解人意，终于深爱之后的敏感脆弱和大发脾气。

其实，基本上女生的刁难、口是心非、不懂事都是有逻辑的——她不懂事是因为她觉得是他先不懂事的，她跟他闹说明他很重要，她生气是因为她觉得自己被忽略、被轻视了。不过到最后，甚至连她都觉得他快要失去耐心的时候他仍然有耐心，那么他就赢了。

其实无论男女，人人都可以相信在这个世界上真的存在一个完全、彻底、百分之百契合着自己意愿的人，可是你若想遇到那个人，概率几乎等于零，等于出门右转遇到鬼。

在现实版的生活里，你可能会爱上一个嘴上说着嫌弃可是身体却很诚实，还在替你熨衬衫、洗袜子的女生，而她会遇到一个虽然有不少臭毛病，但是很顾家、很爱她、很长情的男生。普通人的日子其实就是这样，两个人在一起多久就要磨合多久，你们会在"分歧—争吵—和好"这个无限次的循环中，慢慢集齐这辈子所有的虐点、泪点和笑点。

所以，男生别动不动就怨自己命苦，如果她不任性、不吃醋、不撒娇，更不花他一分钱，那么很明显，她也不爱他。而女生也别真把自己当成女王，说到底，每个人来人间一趟，都是想找个人对自己好，而不是找个人给自己添堵。

这一点，男女同理。

爱情这条路，兜兜转转，迂迂回回，哪个男生都会遇到几个自家女朋友埋的雷、挖的坑，也只有当你躲得开雷、填得上坑，扛过这种种的试炼之后，你才能跟最爱的人一起，肩并肩，手挽手，劈柴喂马，周游世界。

目录

- 女人的身体里都住着一个折磨人的小妖精 -002

- 生气还需要理由吗 -009

- 我为什么不能太懂事 -019

- 我们为什么不能在一起 -026

- 你连护短都不会，怎么当人家男朋友 -033

- 别把直男癌当成男友力 -042

- 喜欢是说尽好话，爱是舍得花钱 -049

- 时间留不住的那些过往，我们都该笑着放过 -058

- 爱情就是一件任性又平凡的事 -068

- 长辈真的比我们更浪漫 -076

- "作"跟"作"可不一样 -083

- 你该知道，谈孤独时我在谈些什么 -090

- 你身边就只有一个位置，可我也一样 -103

- 我不想贴个创可贴还得自己去买 -111

- 惯着我的人，才有资格管着我 -118

- 任何前任都不是平白无故被 out 的 -125

- 后悔没用，你得变好 -131

- 女为悦己者容，男为悦己者穷 -138

- 可能，初恋就是用来分手的吧 -147

- 爱情里的口是心非都是有逻辑的 -153

- 最大的安全感是"我不缺" -159

- 不好意思，我对渣男过敏 -166

- 你都对了又能怎样 -173

- 真爱我的人，不会一直忙 -179

- 女汉子只是表象，少女心才是重点 -186

- 像我们这种好看的女生，都贵 -194

- 女人都是死扛界一姐 -201

- 本姑娘这么努力，就是为了不必嫁给像你这样的人 -209

- 痴情的人才容易做主角 -218

- 暖男可不是这么当的 -226

女人的身体里

都住着一个折磨人的

小妖精

01 ,,

女："你爱我吗？"

男："爱。"

女："回答得这么快，你看你多敷衍我吧！"

女："你爱我吗？"

男："……"

女："你连这都要想啊？哼！"

女："这件露肩的和这件高领的，我买哪个？"

男："露肩的吧。"

女生听了之后面带不悦，放下衣服扭头就走。男生追上去，连哄带问。

女："你说你什么意思？如果我穿那么暴露的衣服，别的男人盯着我，难道你就不介意吗？你到底爱不爱我？"

男："不是啊，我只是觉着露肩的裙子能把脖子露出来，你能够戴你前些天买的项链，高领款的衣服戴那条项链不太好看啊。"

女："我没问你哪件裙子配项链好看，我是问你到底爱不爱我。那条裙子都短成那样了，又露肩又露腿的，如果别的男人盯着我看，你就一点儿都不吃醋吗？"

男："那咱就不要暴露的，我去给你把高领的那件买来，好不好？"

女："我没说叫你去给我买裙子，我就是问你到底爱不爱我！"

男："……"

对于此情此景，很可能有的男生心里正在想：嗯，我觉得这哥们儿还算好的，他女朋友还能告诉他她为什么不高兴，我家的那位姑奶奶可是什么都不说，一言不合，说作就作，还不告诉你为什么作。

02 ,,

孙佳佳在他男朋友的朋友圈看到他发了一张照片，照片的一个角落里有一瓶博柏利的男士香水。

孙佳佳知道，他前女友现在人就在英国，然后她就根据这条线索脑洞大开，连问也没问，就断定这瓶香水肯定是他前女友送的。然后就开始生闷气："什么意思啊？他这是对人家念念不忘舍不得扔？还是两个人至今藕断丝连、余情未了？舍不得她你就回去找她啊，放心不下她你就回去找她啊，还喜欢她你就回去找她啊！"

于是连着好几天，孙佳佳对她男朋友的态度是电话不接、微信不回、短信无视。

男友追问她："你最近怎么了？很忙吗？还是出什么事了心情不好？"但孙佳佳还是不理他，她心里想："你还问我，你真不知道我为什么生气吗？你真不知道你错哪儿了吗？你要是不把香水那张照片给删了，你看我理不理你。"

就因为那张照片，孙佳佳把男朋友打入冷宫半个多月，差点儿分手。其实她后来想想，也觉得挺无聊的，自己什么都不说，他又怎么知道自己在莫名其妙地跟一瓶香水较劲啊。

相反，如果当初孙佳佳直接就问他："哪来的香水啊？"那她就会知道，真实的情况只是如他所说："噢，大维上回去国外出差，我本来想让他给你带瓶香水，结果他倒好，忙忙叨叨的，把男款当成女款给我买回来了。我又不用香水，正愁不知道送谁合适呢。"

03 ,,

男生常常会很不解，为什么女孩子谈恋爱之前基本都好好的，温柔可爱识大体，通情达理不矫情，可是一谈起恋爱就变成了满腹牢骚的祥林嫂、受尽委屈的小白菜、折磨人的小妖精，折磨得你都开始怀疑她到底爱不爱你，如果爱，怎么忍心这么折腾你？

其实啊，太年轻的时候，人总喜欢像烤红薯一样，360°全方位、无死角地考验爱情，太想去验证自己在对方心里有多重要，太想成为对方生命里最不可或缺那一个，于是，人肯定就会变得多疑、猜忌、敏感起来。

就像双鱼座的孙佳佳，她能够在"女汉子"和"作女"这两种模式之间自由切换。不谈恋爱的时候，扛水、做饭、修灯泡、开瓶盖，自己都可以。但是一谈起恋爱来，往往就是你再怎么宠她，她的心思还是比较难以捉摸，因为她太没有安全感。

什么是安全感？是手里的钱包、钥匙、充电器，还是满格的手机信号？更多时候，安全感是一种精神依靠，是最无助时候的一句"有我在"。

有一天晚上，孙佳佳急性肠胃炎，打电话给男朋友。他那天正好跟朋友聚会，她跟他说自己身体不舒服，感冒了，他还自以为幽默地回了一句："我来接你，出来跟大家喝点儿酒就好了。"

孙佳佳说："38.9℃……"期待着对方一听就心疼得立马

过来给她送药或者带她去医院。

然而他竟然回了一个字："牛！"

孙佳佳当时又难受又生气，连话都快说不出来了，可他还以为是她手机没电挂了电话，第二天才后知后觉，终于意识到情况还挺严重的。

还有一次，孙佳佳出差一周以后坐夜里的航班回来，本来下飞机已经半夜一点多了。她男朋友本来说要来接她，但是他根本没出现，她就只是收到过他一条微信说是临时有事儿，然后打电话他也不接。她出差本来就已经很累了，红眼航班再加上晕机，等她自己一个人终于折腾到家，早已是身心俱疲。后来知道，他那天就是因为别人说了一句"你可真怕你女朋友，我就从来不惯我女朋友"，然后他就决定不去机场接她了。

寒冬落魄你不在，春暖花开你是谁？

或许我们应该承认，有的时候，你指望女生讲道理，概率几乎等于出门右转遇到鬼，然而有的时候，真的是男生自己不靠谱。

01

男友力训练笔记

哪怕是在脾气快要爆炸的时候，
先在心里默念三遍：

她不是在无理取闹，
她不是在无理取闹，
她不是在无理取闹。

其实，
爱情这件事最后拼的也许不是你的条件有多好，

而是她觉得你对她有多好。

请牢记 10 字方针：

行、好、美、买、都买、你说的对。

生气

还需要理由吗

01 ,,

"我没事儿啊。"

"我没生气。"

"我真没生气，真的。"

"你还有事吗？没事的话我挂电话了，先这样吧。"

挂断了电话以后，女孩自言自语地说："你说你是不是傻，自己女朋友生不生气你不知道啊？还问我生没生气，简直气死我了。"

熟悉吗？说不定，此时此刻正在你前面排队等咖啡的女孩就是刚刚这一幕的女主角。

　　这就是女生最典型的生气逻辑之一吧——我生气了，你还不知道我为什么生气，然后我就更生气了。至于惹女孩子生气的真正原因嘛……

　　其实，女生生气不一定是因为男朋友：体重秤上的数字变大了，生气；想扎个美美的丸子头没扎好，生气；早上照镜子发现最近加班多了皮肤太差，脸上还冒了一颗痘痘，生气；没睡饱、没睡好，生气；大街上跟别人撞衫了，肯定生气啊！

　　当然，跟男朋友相关的原因就更多了：消息不回，生气；回晚了，生气；回得不对胃口，生气；乱花钱买礼物，生气；不买礼物觉得不够爱她了，生气；口红买错牌子，生气；买对牌子但买错了色号，也生气。

　　还有，他把家里的最后一袋零食吃了，生气；他拍照片把她拍难看了，生气；他吃饭喝汤的时候声音有点儿大，生气；他跟别的女生多说了几句，生气。

　　还有还有！买了新衣服他没能默契地及时打电话过来约她出去，生气；她正在追的那部韩剧有更新，而且是大结局，她本想窝在家好好看完的，可他偏在这个时候打电话非要约她出去，她还是生气。

没错，很多时候，女人就是一个行走的炸药包，可等她心情好了，就算你打碎了那瓶她刚用了没几天的超级贵的眼霜，她也不会跟你急。

02 ,,

对于男生来说，在这个世界上有一种永远的折磨，叫做"我女朋友又生气了"。

什么？你居然忘了女朋友的生日！

你可以出门忘带钥匙、取钱忘记银行卡密码、开会忘记带提案幻灯片，但就是不能忘了自己女朋友的生日！

你以为过后喊声宝宝、来个抱抱、买个包包，就可以平息这场腥风血雨？

相信我，这事永远过不了，因为你会经常听到："你不爱我了，你今年都把人家生日给忘了！""你去年都把人家生日给忘了！""你前年都把人家生日给忘了！"

什么？你居然敢在玩游戏的时候不理女朋友，错过跟她视频！

你可以不回老板的邮件、不听妈妈的话没有早早穿上秋裤、不惯着某个奇葩同事的臭毛病，但就是不能在女朋友想见你的时候不理她！

你以为过后再喊声宝宝、再来个抱抱、再买个包包，就可以躲过这场灭顶之灾？

想得美！这事永远都过不了，因为你会经常听到："你不爱我了，你昨天玩游戏都不和我视频！""你前天玩游戏都不和我视频！""你大前天玩游戏都不和我视频！"

还有，女生就连撒个娇最后也可能变成生气，于是就有了下面这一幕：

跟她下盘象棋，她说她马有三条命，我忍了；她的象可以过河，人家是小飞象，我忍了；她的车可以拐弯，是碰碰车，我也忍了。但她用我的士干掉我的将，还说那是被她策反了的间谍，这是几个意思？我就说"那你自己玩吧"，她就生气了，还气哭了！

有时候，女生生气的点很奇怪。

女：我要睡了。

男：晚安。

然后生气了……

女：我没事，你继续玩吧。

男：好。

然后生气了……

女：不用解释，我没有生气。

男：那就好。

然后就真的生气了……

总而言之，女生生气还需要理由吗？真生起气来，连你居然是我男朋友我都生气！

别老以为这些都是无理取闹，别以为这些都是小事，就像有人会纳闷，为什么我女朋友就因为吃不到一块抹茶蛋糕而号啕大哭，还是很伤心、巨伤心的那种。

我告诉你，她哭并不是因为那一块蛋糕，蛋糕只是临界点、导火线，而是她终于撑不住，因为她联想起之前的种种，发觉你并没想过如何给她她想要的生活，你根本没有关心过她的脆弱和情绪，也没关心过她最需要的究竟是什么。

03 ,,

这世上有很多的情侣档，女的爱作又傲娇，生气了憋死都不说，男的粗枝大叶又贪玩，不懂体贴也不会哄女生，然后遇上点什么事儿，俩人都真真儿的被气得够呛。

可是，气过之后呢？更进一步说，两个人的手能始终牵在一起一路走下去，真正依靠的究竟是什么，美貌？身材？性情？还是家世？

有人说，所谓真爱，就是他能越过千千万万个胸大腿长的美女，一眼就看到臭脾气、没内涵的你。

实际上，当一段关系越往后发展你就越会发现，过了一定的磨合期之后，所有那些外在的东西能帮上的忙，会变得特别有限。两个互相喜欢的人，她不必浓妆艳抹、锦衣华服，她可以是任性的、慵懒的、粗心的，而他也不必甜言蜜语、口若悬河，他可以有这样那样改不掉的臭毛病。

就像徐志摩曾对陆小曼说，我爱你朴素，不爱你奢华，你穿上一件蓝布袍，你的眉目间就有一种特异的光彩，我看了心里就觉着无比名状的欢喜。朴素是真的高贵，你穿戴整齐的时候当然是好看，但那好看是寻常的，人人都认得的，素服时的美，有我读到的领悟。

04 ,,

前几天，我曾经看到过一句有关于电影《咖啡公社》的影评，很毒舌，但很戳人心：

看的时候还没觉得，但是看完之后我忽然间发现，这部电影有一点让人细思极恐（实际上，绝大部分的爱情电影都是如此），那就是——如果你一不小心把自己联想成主角的话，你会发现，人生原来竟是如此的残酷，因为就算你真的美成了布莱克·莱弗利，肤白貌美有教养，温柔贤淑肯生娃，就算上天给了你一张女神的脸，也给了你一副完美比例的超模身材，可能有一天，自己的老公还是会劈腿克里斯汀·斯图尔特。

的确，这话听起来似乎有些腹黑、狠辣的味道，但是如果你想一想，生活啊，它要是真跟你玩起反转梗来，可比电视剧、电影里的情节来得生猛多了。

恋爱长跑了五年、八年、十年，马上要结婚或者刚一结婚却分手了，这样的事不是很少，而是太多。爱情这件事，不管它是小船还是巨轮，照样说翻就翻。

于是，问题来了。

即便如此又怎样？大家就都不用谈恋爱了吗？看人家分手了、痛苦了，就说自己不相信爱情了，逻辑在哪里？你怕伤害、怕伤心、怕欺骗，谁不怕？

事实上，很多事情并不是你所看到、你所以为的那样。别人分不分手，和你相不相信爱情之间，真的连半毛钱关系都没有，纯属多虑。

人生有很多事情本就是没办法圆满的，你们分开了，不代表你遇上的就是个渣男；他们分开了，也不代表人家就该后悔曾有过这一段的付出和经历。

人生终究都是在不断变化的，人和人之间的化学效应更是无比微妙的，正所谓"一物降一物"，甲之蜜糖，乙之砒霜。有的人，他很可能当过某一个人的逃兵，可最后他却成了另外一个人的盖世英雄。

你要知道的就是，这世界上一定会有人渣，但这不等于所有的人渣都会让你碰见，更不等于所有人都会拿着你的善良和真心去喂狗。这个世界上大概永远也少不了花心的浪子，但也不是所有的浪子都没有收起心好好过日子的那一天。

基本上，结果如何，不管是好是坏，总好过没有结果，也总好过从来都没有过这一遭。

02

男友力训练笔记

"多喝热水" VS

① "我帮你煲碗汤去"
② "开下门吧, 给你药"

你觉得, 女生在不舒服的时候更想听哪个?

女生比较爱说的谎话之一就是:

"都老夫老妻了, 什么情人节不情人节的……"

所以, 该送花的时候还是要送哦, 别让她偷偷
羡慕别人家的女朋友。

有些女生可以单凭你的一个语气词就能脑补出
一部 80 集的连续剧来……
不过,
这些也都是她真的喜欢你的表现,
不然你没这待遇。

我为什么不能
太懂事

01 „

　　手机响了起来，冒冒一看屏幕，果然是她男朋友，她几乎想都没想就直接挂断。然后他又打进来，还是挂断，再打，继续挂，后来干脆关机……

　　这是怎么了？

　　那天早上冒冒起晚了，所以，她连妆都没来得及化就匆匆忙忙去上班了。晚上，她男朋友约她吃饭，见面第一句话就说："你今天怎么这样啊？"

冒冒："嗯？哪样了？"

他："你怎么出来吃饭连妆都不化？一点儿气色都没有。"

冒冒："啊，我早上起晚了，根本来不及化。而且我们部门今天也不知道是怎么了，一整天事情超多，我连口水都没好好喝，快累死我了。"

他："那你可以把化妆品放包里啊，我很多女同事她们都随身携带化妆包。"

什么？？？

当时冒冒就已经很生气了——我都跟你说了我今天好累了，而你身为男朋友，重点并不是关心怎么能让我多吃点儿东西，而是非念叨我要随身携带什么该死的化妆包。

瞬间胃口全无。

可当时冒冒硬压着火没表现出来，没有接话，招手喊服务员过来点菜。服务员来了，冒冒就开始专心点菜，而她的男朋友呢，就连她问他想吃什么都没注意听，因为他还在继续纠结于刚才的话题：

"你可是女生，不管怎样还是要注意形象，养成些好习惯。幸亏今天只有咱们俩，要是多几个朋友在这儿，你说你多尴尬啊。你以后也随身携带化妆包吧，像我同事她们那样，如果早上起晚了来不及化，就到了公司再弄。"

冒冒还在忍，一边听他碎碎念，一边点菜，点了好多好多。服务员复述菜单的时候，他猛地发现菜有点儿多，就说："你这是有多饿啊？点了这么多？"

冒冒没说话，她稍微估算了一下，她至少点了四个人以上的菜量，然后跟服务员说："嗯，先这样，赶快上吧，如果不够我们等会儿看情况再加。"

他说："够了够了，你要吃多少啊？咱们两个人肯定吃不完啊！打包回去也都不好吃了。"

冒冒看了他一眼，终于笑了笑说："吃得完啊，你这就打电话，叫你那些每天随身带化妆包的女同事来吃吧，我先走了。"

说完，冒冒起身，拿包，走人……

02 „„

如果平心而论，冒冒这个男朋友人品不错，对她从来不小气，每次和冒冒的朋友聚会，他基本都是提早就买好单，更不玩搞暧昧、谎话张嘴就来那一套。只不过，但凡这个男人稍微有点儿眼力，那天的事都不至于发展成最后那种局面。

当然，冒冒生气的原因，大概有百分之九十以上是因为男朋友对他不体贴，但是，还有一点我想提醒的就是：前女友、女同学、女同事……当你要在你女朋友面前谈及这些人的时候，请你务必要控制好频率，弄清楚状况。毕竟，同性相斥。

在和女朋友的和平共处 N 项原则里，有一条就是：别老是在她面前提其他女人，包括你妈。否则，搞不砸就真是怪事了。

这不是大不大度的问题，而是太多的女生宁可相信，男人从来不会在没有感觉的女人身上浪费时间，所以，"异性之间可以有纯洁的友谊"这种鬼话还是留着骗鬼比较好。

03 99

你若问，和一个情商令人着急的人相处是什么感觉？

通常来说，他分分钟就能把天给聊死，再好脾气的妹子也能被他给折磨得生无可恋。最关键的是，他自己根本没感觉，还觉得是对方矫情、事儿妈、情商低。

有时候，男生会感慨说：唉，你们女人可真够事儿的，难伺候。

必须的啊！你买个手机、平板还得天天充电呢！你咋不嫌费事呢？你买个车还得常去做保养呢！你咋不嫌费事呢？你养只金毛你还得遛弯儿呢！你咋不嫌费事呢？

有时候，男生也会感慨说：唉，你们女人可真不懂事，男朋友真难当啊。

可是，那些太懂事的女生，下场有可能会怎样？

你说带她去参加同学聚会，她说"我还是不去了，我在的话，你和哥们儿玩得可能没那么尽兴。"你摸了摸她的头，说"我女朋友就是懂事，就是温柔善良识大体。"后来，你就再也没带她出去聚会过。

她加班到晚上九点，你打电话，问要不要过去接她，她说"不用了，我打个车回去就行了，你来接我把我送到家然后你再回你自己家，太折腾了。"你说"哦，那你自己多注意安全。"后来，不管她加班到多晚，你再也没提过接她下班。

　　她过生日，你问她想要什么礼物，她说"不用了，生日嘛，年年都有，也没什么特别，而且我其实对收礼物也不感冒，咱们俩炖点鸡汤再下碗面就可以了。"你点点头，说"我老婆就是懂事，我命可真好啊。"后来，你工资涨了，而她过生日依然没有收到过你的礼物。

　　你说周末带她去爬山，她说"不用，你现在工作挺辛苦的，周末你在家补补觉吧。"你亲了亲她的脸颊，说"我老婆就是懂事，感动死了。"后来，工作不那么忙了，你却再也没提过要带她出门玩。

　　有时候，女生太懂事，其实就是等于给自己埋雷。

03

男友力训练笔记

在女生眼里，
凡是敢为了别的女人来跟自己大吵一架的男人，
都活该没女朋友。

男人来自火星

女人来自金星

○男人和女人的思维方式本就不同，

○别非逼着对方接受你的三观，
  也别硬逼着对方改变。

女生在感情上基本都是
"攒够了失望才会离开"型的，

在不爱你之前，她还是会给你很多次机会的，
当然，这是在不触碰底线的情况下。
所以，别轻易放弃。

我们为什么
不能在一起

01 ,,

　　阿雯和大卫是相亲认识的。聊起旅游，阿雯说："我一直挺喜欢大海的，特别想来个游轮几日游。"

　　大卫说："我出去旅游还是最爱逛博物馆。"

　　她说："你喜欢城市啊？"

　　大卫说："我喜欢看文物。"

　　阿雯说："你不喜欢海吗？"

　　大卫说："可文物都在博物馆里呀。"

　　其实，阿雯只是想问他更喜欢大海还是城市，仅此而已。

大卫出差去了，他打电话跟阿雯说："我给你买个象脚鼓吧，这边儿的特产，送你当礼物。"

阿雯刚开始怀疑自己听错了，在确认了确实是那种高度在一米左右的物体之后，她说："不用了，我又不懂音乐。"

大卫说："没事，放家里摆着呗。"

阿雯简直是被打败了，"谢谢你的好意，真的算了，家里太小，没地方放。"

大卫说："这鼓真的好看，你等等，我拍给你看……"

其实，阿雯只是不想要一个不实用的东西，根本不在于好看不好看。

每个人的三观都是不同的，你所喜欢的东西，不一定就会被另一个人喜欢。

这就好比你始终对经典美剧《权力的游戏》情有独钟，恨不得对每个人都说"真的，你相信我，没看过这部剧的人生绝对是不完整的"，一遇到同样喜欢这部剧的人，你简直恨不得能和人家聊上个三天三夜。可也有些人，就是觉得明明是《生活大爆炸》更好看啊！

不管是对自己喜欢的东西还是对自己喜欢的人，你可以自由地表达自己的观点，但是千万别认为自己就一定是对的。

02 ,,

后来，因为实在是觉得不太合适，阿雯提出了分手。但是身边很多人都说，"人家有房有车、长相不错、工作稳定，父母也都不算难相处，你还想怎样？"

爱情里的很多事情是不能用应不应该来解释的。

A 有房有车，B 没房没车，她就应该嫁给 A 吗？

C 年纪比他大，D 年纪比他小，他就应该喜欢 D 吗？

E 比 F 高也比 F 瘦，我就应该喜欢 E 吗？

很多时候，爱一个人是欲罢不能的，是不受控的、无奈的，更是不讲道理的，你就是爱他。这就好像，只要烛光燃起，你无法阻止飞蛾一样，即使说那样做有多危险，说它会被灼伤，说有前车之鉴，那也没有，因为它是一定要飞扑上去的。

但是，反之亦然，你就是不可能爱他，这也是你无能为力去改变的。

就像毛姆在《人生的枷锁》说："打翻了牛奶，哭也没用，因为宇宙间的一切力量都在处心积虑要把牛奶打翻。"所以，一个人如果不爱你，你美若天仙没用，你再哭再闹没用，不吃不睡也还是没用，宇宙间的一切力量都在处心积虑地迫使对方远离你。

你想想看，当你遇见一个男生，你知道他并不是你的菜，可他却摆明了一副"输了你，赢了世界又如何"的架势穷追不舍，对于这样的人，你是不是也很想告诉他：别别别，我担不起，我觉得你还是去赢了世界比较好。

学会拒绝，别带给别人无谓的希望和误会，别耽误自己和别人的时间和精力，暧昧相处和含混不清的答案最后会让每个人都很烦、很烦。

03 ,,

在爱情里，真的没有人有义务必须为另一个人的一相情愿买单。它需要很多很多的情愿才行，它永远都不会是教小孩子唱儿歌：

"你会唱《小星星》吗？"

"不会……"

"不会哦，那我教你好了。"

你一定也看到过一些为爱拼命付出的女孩吧？

他喜欢苗条的，她就整天啃黄瓜、苹果、西红柿，晚饭只吃白水煮青菜，连调料都不放；

他认为女孩还是白一点儿更好看，而她偏偏是健康的浅麦色，于是，她就买回来一大堆的瓶瓶罐罐，天天琢磨怎么护肤、防晒、做面膜，天天鼓捣着珍珠粉、薏仁水；

他觉得女孩长发飘飘连衣裙才是王道，然后，她就舍弃了一柜子的牛仔裤、T恤、平底鞋，义无反顾地走起了淑女风。

她就这样慢慢地变化着，期待着有一天他能发觉，能喜欢。她恨不得把自己打好蝴蝶结，再搭上很多很多的赠品，就像一份圣诞超级大礼包一样，送给他。

是，她那么好，可他也只是看一眼，耸耸肩，摊摊手，心里想："唉，没办法，好像不是我喜欢的那一款呢。"

是，她那么好，可她怎么就不问问自己，他真的需要一个爱他爱得低到尘埃里去的人吗？

终于有一天，她发现他身边出现了一个女生，和他手挽手、肩并肩，他看着她的眼神里面全都是温柔。问题就是，那个女生其实很普通啊，既不是什么肤白貌美大长腿，也不是什么学霸女神富二代，就是那样瘦瘦小小的一个单眼皮女生，脸上不仅没有像自己那样的两个可爱的小梨涡，可能还有些许的小雀斑。

那时候她才忽然明白，不是这女生的运气多好，也不是他眼拙智障没脑子，只不过自己忘了一点：如果他确实爱自己，自己的高矮、美丑、黑白、胖瘦，其实都是刚刚好，自己不用很美，也不用很瘦，平平凡凡、健健康康的就好。

我们都并没有那么多时间，去浪费在一个不可能喜欢自己的人身上。这一点，男女同理。

04

男友力训练笔记

○你打电话写情书送早饭；
○打开水送礼物接送上下班。

最后人家就一定会喜欢上你？
○有些事她自己真的能 hold 住，不是非你不可。

○你拼命对一个人好；
○你有能力给她幸福，

压根儿就是两码事。

有些人，
你能以她所希望的方式把她留在心里，也不赖。

你连护短都不会，
怎么当人家
男朋友

01 „

大概就和男生的保护欲一样，女生的被保护欲也是天生的，是属性里自带的。

说白了，男友力的重要指标之一，就是在外人面前你要懂得如何护短。

前几天，小星和她男朋友一起出去吃饭。从饭店出来，走着走着，她一抬头，看见对面的广场上好像有人在放风筝，她就开始45°角仰望天空，根本没在意身后。然后，她就感觉自己的手臂被什么东西从后面过来给蹭了一下。仔细一看，原来是一个骑着小型电动车的女人，手里还拿着手机。很明显，刚才她应该是一边骑车一边在打电话或者看信息。

女人见碰到了人，第一反应不是道歉，而是黑着脸嘟囔了一句："现在这些年轻人都怎么走路的，后面上来了车不知道啊？"

由于那会儿小星抬头看天的确没看路，所以真有点儿心虚，可还没等她张嘴，她男朋友马上就说了："你怎么说话呢？明明就是你这么大的人了连骑车都不好好骑，居然还打电话、看手机，她在我里侧走你都能给蹭上。我跟你说，你就偷着乐吧，你今天这是开得慢，我老婆没事儿，要是哪天你倒霉摊上个大事，遇见个碰瓷儿的，你信不信你就是把房子卖了都不够赔的？"

那女人一边把手机塞进口袋，嘴巴里还是没个消停，骂骂咧咧的。

小星的男朋友也是被气到了："反正我今天没别的事，前面就有个派出所，你嘴里再不干不净的，信不信我马上就报警，直接告你个故意伤害？"

那女人这回没再说什么，电动车一加速，往前骑走了。他在后面还不忘补刀："欧巴桑，你好好看路，别到时候出了事儿你哭都来不及了哈。"

说心里话，男朋友这话说得有点儿毒舌。

小星这回低下头，好好往前走，却被男朋友一把拉住，见四下无人，他开始训小星："你走路怎么老是不好好看路？长眼睛是干什么使的，摆设呀？"

小星就开始反驳他，"喂喂喂，你刚才不是都说了吗，这回不赖我啊，是刚刚那个大妈不对，上来碰的我啊？"

"行了啊，一码归一码，不爱看路这个毛病已经不是一两天了，你就是老不改。"

"既然觉得我理亏，那你刚才还那么理直气壮地把人家一顿呛，还要报警？"

"那不一样，在别人面前我必须要护短啊，枪口一致对外，现在这算是内部批斗会，你错了那就是错了。"

小星这个护短的男朋友，你给他打几分？

02 ,,

凡事就怕来个比较，尤其是和前任比。

有一次，小星和前任两个人出去吃火锅，要离开的时候，邻桌的女生刚好起身去盛蘸料，结果一个没拿稳，碟子摔在地上，里面的汤汁还洒到了小星鞋上一块。本来是件挺小的事儿，小星也没生气，原以为听那女生道句歉，她自己用湿纸巾擦一下也就 OK 了。

可是那女生就跟没事人一样，都没抬头看小星一眼，招手示意服务员过来收拾一下，自己转身就走了。按方向判断，应该是接着去拿蘸料去了。

小星立马上前拉了她一下，"你刚才碟子掉了，酱料洒我鞋上了。"

"那你应该跟服务员说啊，要张纸巾擦了不就完了吗。"

"你怎么说话呢！"

"我说的不对吗？"

"对什么对，你连句'对不起'都不会说吗？"

那女生还再想说什么，可她男朋友站起来了，冲着小星说："有完没完了？你要是吃完了就赶紧走，我告诉你小姑娘，最好别没事儿找事！"这时候服务员也过来了，递了好几张纸巾给小星，劝了双方好几句。可小星一回头，看见他前任在离她不远处站着，就跟看热闹的一样，完全没有过来替她说句公道话、撑撑腰的意思。

小星这下更生气了，扭头就往外走，可一出了火锅店的门，她前任马上张嘴说了一句："刚才那两个人一看就挺不讲理的，你就不该跟他们较真儿，走了就得了。"

小星实在是没忍住，回了他一个字："滚！"

03 ,,

说到护短，我其实也想到一件我小时候的事，是关于我妈和我的。

我们家是属于那种典型的严母慈父型家庭，我妈对孩子的教育比较严厉，过年了小孩子要给长辈磕头的那种；饭做好了大人不上桌你就不能先吃；今天这顿的菜如果你不爱吃，或者你贪玩说不想吃了，那就真别吃，饿着，永远不会出现专门再给你重新做一样这种事。

买玩具也是，我妈说我小时候跟别的孩子最大的区别就是对玩具不是很热衷，不管是毛绒玩具还是娃娃，我更喜欢看各种带彩图的书。所以我的玩具其实挺少的，唯独在意的是一个机器猫的模型，别的玩具是丢是坏是送人我都无所谓，就是宝贝那个机器猫模型，直到现在我还留着。

后来，大概四五岁的时候，有一回，一个亲戚家的奶奶，带着一个和我同年但是比我稍微小一点儿的小女孩来我家玩。印象里，那小女孩好像从一进门就一直和我抢这抢那的，后来，我和她就因为这个机器猫模型争了起来，是她先动手推了我一把，然后她还哭了！

等她奶奶过来，第一句话就是冲我挺大声地说了一句："你让着点儿妹妹啊，她小嘛。"

"是她抢我玩具的，她先推的我。"

我妈过来，轻轻拉了拉我手，然后跟我说："妈看见了，去洗洗手，该吃饭了。"

临走的时候，那小女孩眼巴巴地盯着我手里的那个机器猫模型，她奶奶就开口了，"要不，你把这个送给小妹妹吧，好不好，等奶奶下次来给你买好多好多糖，行吗？"我妈看我死死抱着机器猫，不撒手也不言语，就跟我说，"你跟我来这屋，我跟你说两句话。"

可一到屋里我妈就直奔衣柜走过去，然后打开柜门拿出了一个我没见过的毛绒玩具，转过身就出去了。她笑着把玩具递给了小女孩，"这个是阿姨新买的，包装都还没拆，准备等过年的时候送给你小姐姐的，她都还没见过，送给你玩吧。"

结果，那小女孩依然不高兴，小嘴撅着，眼泪马上就下来了，她就是想要机器猫。她奶奶就说："唉，孩子难得喜欢……"

"实在不好意思，那个真不行，我闺女也难得喜欢，这机器猫模型陪她好多年了。"

我妈没觉得我年纪大那么一两个月就该让着别人，她知道我是真的喜欢，她就是要护着我，她也不太在意别人怎么看她。

从小到大，我很少能在我妈那儿讨到便宜，不过自从那次以后，我就再没问过我爸她是不是我亲妈了。

04 　,,

　　这是个奇葩朵朵开的世界，而好男友的标准之一就是，你能否做到让女生在面对这些奇葩的人和事的时候心里有底：想欺负我？办不到！哼，姐可是有男朋友的人！

　　说白了，女孩子所要的安全感，其实就是那种"小事你可以随便闹，大事往我身后靠"的感觉。她需要知道，别的女生腿再长、胸再大、说话的声音再嗲，在他眼里也是被自动屏蔽掉的，而自己哪怕是有一堆的缺点和臭毛病，也依然是被他宠溺着和保护着的，含在嘴里怕化了，放在兜里怕丢了，有他在，谁都动不得她一根汗毛。

　　"别人会吐槽自己女朋友太爱吃，他倒好，他每次都恨不得我连锅都给吃了。"

　　"每次就连我亲妈嫌弃我最近长胖了他都不乐意听，哈哈哈。"

　　这不都是赤裸裸地在秀恩爱、撒狗粮嘛，可是你说，哪个女生不希望有这样一个男朋友？

05

男友力训练笔记

○态度决定一切！
○态度决定一切！
○态度决定一切！

重要的事情说三遍。

既然态度决定一切，所以有时候，别生拉硬拽非和女生掰扯道理，

反正，人家又不想当什么讲道理的人。

很多女生要的东西真的很简单，

就是希望一直有个人，

陪她从新鲜感走到归属感。

你做到了、做足了，那她就是你的。

别把直男癌

当成

男友力

01 ,,

那天去剪了剪头发，旁边坐了一个正在染头发的男生，旁若无人地在和发型师神侃。我不厚道地听了听，然后替该男子总结了一下，大致意思如下：

我呢，现在是没什么本事，但我自我感觉很良好啊，没人看上我，那是因为现在的女孩个顶个都太现实了。我希望有个妹子，能透过我一没钱二没本事的外表，爱上我的内涵，然后我会拿空气好好来爱她。

我听了是彻底感觉无语了。

人生就是这样，每当你觉得已经见过了所有种类奇葩的时候，就又会冒出几款新的。

毫无疑问，该男子是直男癌重度患者一名，把我雷得那叫一个外焦里嫩。我只能说，真佩服我当时还能坐得住的定力。

什么是直男癌？

只会告诉女生"多喝水"并不是直男癌，直男癌的标准也不是情商低、啰唆、小气、颓、蠢，更不是所谓的大男子主义，而是拥有奇葩无比、简直歪裂到外太空的三观。他们活在自己的世界里，还以为自己永远站在真理一方。他们带着九头牛都拉不回来的双重标准还感觉自己简直萌萌哒，就以为自己是性格直爽，见多识广，人见人爱，花见花开。

直男癌常挂在嘴上的就是，等小爷有钱了，什么样的女人找不到？男的越老越吃香，女的老了可就下架了。你们女孩子要那么高的学历干吗？你读博、出国、当高管、开公司，最后还不是要嫁人，伺候老公孩子一辈子？

他带着霸道总裁指点江山的范儿，评价这、评价那，看这个人不顺眼、猜那个人有黑历史。在他看来，女孩化妆了，就肯定是为了吸引男生；女孩拎个名包就肯定是傍了大款、认了干爹；这女孩穿得稍微清凉一点儿，肯定就是晚上常去泡夜店、混酒吧的主儿；前面这车转弯技术不好，开车的肯定是女司机；他的工作叫事业，而女孩的工作就叫"照顾好自己老公"。

在他们眼里，女生基本分为两种：一种是你喜欢我，但是很遗憾，你身高只有一米六二、胸围只有 A 罩杯、脸上还有两颗拿高度显微镜才能看出来的痘印，配不上我啊；还有一种是，我可是靓仔、我这么优秀、我这么会说话，你居然不喜欢我！你到底有没有品位啊？

遇上这种直男癌晚期患者，任你有多少表情包都不够用。

02 ,,

真的有一些男生，挑女朋友简直就跟皇帝选妃似的。

艰苦朴素不爱打扮的那款，你嫌人家平凡普通，担心以后带出去跌面儿，不能在哥们儿面前给自己加分、长脸。但是光彩照人的那款吧，你又嫌人家既费钱又磨蹭，出门之前你得做好等上她两个小时的思想准备，你可没那份耐心。

再有，遇见平胸的你嫌没料；遇见身材好的你觉得人家胸大无脑没内涵；遇见学历高、有内涵的你又觉得人家太孤傲、不合群。抱歉，明明就是自己太 low，还吐槽女博士是什么灭绝师太的那帮人，我倒是觉得，人家读书读得好，其实就是为了不必嫁给像你这样的人。

扯得远一点儿，我记得，以前好像有个网站做过一个话题调查，内容是关于数学是否应该退出高考。底下乌泱泱都是一片同意和叫好的，结果有个打酱油的人无比淡定地留了一句：数学就是用来把这些叫好的人筛出去的……

当然，好姑娘可能遇上直男癌晚期型人渣，而好小伙儿同样也可能遇人不淑。

有些女生选男朋友呢，有钱的嫌太老，年轻的嫌太穷，年轻又有钱的你又担心人家那副富二代的阔少爷脾气你自己hold 不住，怕受委屈。

长得帅的你担心人家太招桃花，没安全感；忠厚老实的你又嫌人家没趣、没幽默感；工作忙的你觉得人家不体贴；

工作清闲、稳定的你又觉得人家安于现状，不求上进，目光短浅。

这世上的所有好事，是不会只跑到你一个人碗里去的。

你选择了清纯的女人，你得接受她的幼稚；你选择了理性的女人，你得接受她的算计；你选择了害羞的女人，你得接受她的自卑；你选择了勇敢的女人，你得接受她的固执；你选择了能干的女人，你得接受她的霸气。

还有，你选择任何一个人你都得接受对方的过去。

成功的交往，切忌一个贪字。

你什么都想要，最后得到的东西肯定恰恰相反。其实，最后在爱情里能幸福的人，胃口都不大。

03 ,,

直男癌有救吗？

有救没救这倒不好说，不过，先试着在分寸感上多补救补救吧。在女生面前男生能给自己大大加分的一点，就是他的分寸和克制。

我见过有的男生，逢人就爱大侃自己去过哪些国家、看过什么建筑、看过什么名画、喝过什么酒、听过谁的音乐会，等等，全然不顾大家已经疲惫到只想安静地休息一会儿。

我也见过有的男生，他可以在饭桌上不停地对哪国的总统品头论足，或者揪着某一条社会新闻不放高谈阔论，搞得大家整顿饭吃得扫兴至极。

还有一些男生，衣服、手表、鞋子、包……他可以当着对方的面把人家从头评论到脚，搞得对方尴尬不已，而他可能还认为自己是性格直接、快人快语，对此乐此不疲。

其实，直男癌也好，作女症也罢，大概等你遇见一个那么不想失去的人，自然也就不治而愈了。

06

男友力训练笔记

"给予是最好的沟通"。

不单单是对爱情，
这句话对亲情、友情也同样适用。

"没什么问题是一个包包解决不了的，
如果不行，那就两个。"

这不是什么幺蛾子、馊主意，
可以一试。

当你觉得事态相当严重，
道歉已经没有用的时候，
试试帮她清空购物车吧。

说不定会管用。

喜欢是说尽好话，
爱是舍得花钱

01

前一段时间因为工作上的一些原因，我认识了一个在杂志社工作的朋友——桃子小姐。

90后的桃子是个大眼睛美女，要强、靠谱、精干，也很肯拼，最忙的时候，她每周要自己完成三四个专栏，同时还要保证正常的出差，以及下周的选题策划。她业余的一大爱好就是玩摄影，而且还是玩得很好、很高级的那种。

有一天晚上，桃子招呼我们几个朋友一起聚餐，她的男朋友也在。我和他是头一次见，高高瘦瘦的一个西北男孩，白衬衫加牛仔裤，说话有趣，但并不油腔滑调，整体感觉属于那种很看重生活品相的人。

以下，我就叫他插画先生吧。为什么呀？因为他的职业就是画插画的美术设计师。据桃子说，他日常的一大乐趣就是吐槽桃子不会画眉毛，说是不对称，然后动不动就问：你带眉笔出来没有，我给你改改呗。但他每次得到的都是桃子大大的白眼：我跟你说你这就是职业病，真把自己当老艺术家了，拿我脸当画布啊！

那天，男生们都聊得比较开，也喝了不少酒。说着说着，他们就从现在的客户如何如何挑剔，说到哪哪哪房价这一轮又猛涨了多少，最后好像还上升到了"赚钱到底为什么"的人生高度……

本来还挺低气压的一个话题，可是聊着聊着，插画先生说了一句话，他说：

其实我觉得吧，很多人每天辛苦工作了八个小时，都是为了这八个小时之外的时间，那才是生活里的乐趣。你们看看我们家这位平时拍的那些照片，就知道她多喜欢摄影了。有时候我在想，我赚钱，大概就是为了给我媳妇儿买买镜头吧，好好养她。将来如果真有一天，只要她说想自己单干，开工作室，我也绝对会支持她。

不知道为什么，我当时就是觉得这男孩特可爱，特踏实。

男孩的话让我瞬间就明白了，以桃子小姐那种独立、大气的个性，像她这样一个看上去那么难以驾驭的人，为什么他们两个人即便已经相处多年，但在他面前她还是这么小鸟依人，为什么她在看着他的时候，眼神会那么柔和、知足，从心底深处漾着欢喜。

02 ,,

插画先生大概就属于那种让人羡慕的"别人家的男朋友"，他们长情、自律、简单，对女朋友既在乎又尊重，能遇到这样的男朋友是很幸运的事。我想，也一定有一些人，忽然由此联想到了自己的前男友吧。

想当初，你就因为买了一个心仪已久的某个牌子经典款的包包，而且还是用自己的年终奖金买的，就被前男友碎碎念了3小时48分09秒。

有人觉得，现在女孩都有些拜金，售价四五位数的包包啊，真舍得啊，不背会死吗？上千块钱的高跟鞋、靴子啊，那么细的鞋跟，哪有运动鞋穿着舒服啊？好几十块一杯的哈根达斯啊，吃了又能怎样？

那么，请你告诉我，人家用自己踏踏实实挣来的工资，买自己喜欢的东西、吃自己想吃的东西，究竟哪里不妥了？

也请你告诉我，不拜金的女孩子长什么样？不买包包、不用好的化妆品、不买戒指耳环、不喜欢鲜花也不去吃哈根达斯，翻来翻去衣柜、鞋柜里就只有一百块钱以下的淘宝款衣服、帆布鞋？

换一个角度看，如果真有人让自己的女朋友过那样的人生，别人难道就不会觉得，你这个男朋友当得多少有那么一点点失败吗？

其实，问题根本就不是出在那些贵得要命的包包、戒指、冰淇淋上，问题是，这个世界上"不买又不会死"的东西多了去了，"不吃又不会死"的东西也多了去了，你这辈子就都不买、都不吃吗？

人越是年老就越会热衷于回忆，在那些回忆里，没有什么锅碗瓢盆、柴米油盐里的琐事，有的全部都是那些当初你觉得多余的东西，是那束九十九朵玫瑰花，是那一次去吃法国菜，是那次住进豪华酒店海景房，是那条至今为止为她买过的最贵的裙子。

现在，你还觉得这些不重要吗？如果没有类似这些回忆，你又凭什么说你是真的爱她？

世界上的绝大部分的话，其实都是废话，关键是从谁的嘴里说出来，怎么说。

世界上的很多事，其实也都是徒劳的、无用的，关键是你怎么看，又为了谁。

03 ,,

关于女孩儿们的消费观念这件事，我其实很想再多念叨两句。

以前看《欲望都市》的时候，看到凯莉就像集邮一样，近乎疯狂收集那些最美丽、最昂贵的名牌高跟鞋，我当时还体会不到她说的那种"站在高跟鞋上，就能睥睨整个世界"的感受。

后来，我真的懂了，那双好看的鞋、那个名贵的包、那身的衣服，就像是士兵的盔甲、将军的战马、决斗者手里尖利的剑一样，你拥有它们，你和看到它们的所有人一样，完全了解它们的精良、优质和身价，这会让你无比的自信。

身高一米六，气场两米八。

喜欢是说尽好话，爱是舍得花钱。

所以，我从来都不觉得爱情和金钱可以分开，面对那个恨不得连一瓶矿泉水、一个创可贴都要清清楚楚和你 AA 制的男人，你如果是还傻傻地相信将来你们之间的相处会没问题，相信你们与周遭人的相处也完全没问题，那我也就只能"呵呵，呵呵，呵呵"了。

04 ,,

当然，别误会，我的意思并不是说，这年头儿，想追女孩子你就必须要天天送名牌、顿顿吃大餐、月月出国游，毕竟这个世界上的王思聪们应该也不多。我只是觉得，从消费观这件事上是可以看出一个人的生活态度的，说得再远一点儿，它也直接关系到你们以后会把日子过成什么样。

我的意思更不是说"钱是万能的"，如果真是那样的话，你可能会得到一些你想得到的，但是最终你会失去更多你不想失去的。相反，对方再有钱、再舍得给你花，那是他的事，更何况，他今天能给你买香奈儿、路易威登、卡地亚，能给你买一堆圣罗兰各种色号的口红，明天同样也可以买给别人，连眼都不眨一下。

女孩子，不要轻易被什么"有情饮水饱""谈钱伤感情"之类的言论给洗了脑，但也别收到了一瓶香奈儿五号香水、吃了一顿牛排就彻底动了心。

我希望，你能把自己的工作和生活打理得很好，独立、干净、有腔调、有底线，不管是香水、口红还是牛排，你都有自己搞定的能力。我特别不希望别人在提到你的时候，印象首先是这样的：此女目前刷卡为生——男友的卡。

你可以听着《灰姑娘》的故事长大，但是长大了以后就该知道，灰姑娘遇到高富帅，然后还这般那般被人家一顿猛追到底，那是编剧、导演们要研究的事，不是现实。

现实是，这个世界上不会有多少高富帅天天闲着没事做，就等着被你遇到，就算你遇到了高富帅，好歹人家开的也是一辆三百来万的顶配保时捷卡宴 Turbo S，而你呢？从头到脚、里里外外，全身的行头都是正宗的淘宝款，全加起来还不到三百，连一瓶好一点儿的化妆品都没买过，你还好意思上车吗？

现实是，灰姑娘的故事感动不了王子，而你与其相信童话故事，倒不如下楼去买张彩票。而我必须要告诉你的就是，我曾经听过一个特别刻薄的笑话：

"彩票，就是对穷人征收的智商税。"

07

男友力训练笔记

人人都是一样，
所有的不快乐、不开心，
都是因为自己的需求得不到满足。

女生会生气多久，取决于你挽救的心有多急，

你晚一小时，她就多生气一小时，反之亦然。

别说什么谈钱伤感情，

一切脱离开"物质"二字的谈恋爱，

那都是在过家家。

时间留不住的

那些过往，

我们都该笑着放过

01 ,,

"问你见过思念放过谁呢？不管你是累犯，或是从无前科。我认识的，只有那合久的分了，没见过分久的合。"

"越过山丘，才发现无人等候。喋喋不休，再也唤不回温柔。"

"当你发现时间是贼了，它早已偷光你的选择。"

原来，全世界有多少情歌，就唱着多少路过。而以上这些歌，都出自同一个人之手——李宗盛。

如果是听李宗盛唱歌，大概从来没人会在乎他的高音能飚得多高、多过瘾，也没人会在乎他的音色亮不亮、音准如何如何，因为只要他的声音一出来，你所有的心思、情怀和感动就全都跟着跑出来了，字字入耳，句句戳心。

李宗盛早已是华语歌坛里的教父级的人物，能唱到一首由他制作的歌，简直是每个歌手的一大梦想。其实，很多人可能不太了解的是，李宗盛也是一个顶级手工吉他匠人，拥有自己的吉他工坊和品牌。

另外，相比于这些与音乐相关的事情，很多人更不太了解的是，他其实还是个美食家，而且喜欢半夜三更做饭。

李宗盛说，做饭对他来讲是放松的，从录音棚回到家，开瓶酒，开始做饭，做那些需要跟时间"搏斗"的美食，十一点开始搞，搞到半夜三四点。为此，他甚至把台湾的家改得比较宽敞，有一个大概有半个游泳池大的厨房。

他说，做饭这个事情，跟做音乐太像了，你的火候、你的时间，哪个先下、哪个后下，这个跟那个的关系……这个跟那个现在看起来没什么关系，但是过半个小时以后就有关系了。

我倒是觉得，李宗盛的话更像是在说谈恋爱，谁先出场、谁后出场，关系大着呢。

02 ,,

现在，很多的恋人面临的最大问题就是——异地。

虽然名叫荔枝，但该女生其实是个北方姑娘，大连妹子。临毕业的时候，她男朋友得到了一个很好的工作机会，但是地点在上海。当时荔枝手里已经收到了大连一家企业的 offer，而她也从没有想过去北上广闯荡一番，对于上海，她总觉得那是座太妖娆、太堂皇，同时又太排外的城市，她大概不会喜欢，她真的以为自己一辈子都会生活在大连了。

可她男朋友很想去，OK 啊，那就分手呗。

荔枝本以为上海离自己的生活圈子很远，可后来，她刚一工作就接连赶上了几个很牛的项目，职位和薪资也是三级跳，事业一路发展得很顺利。重点是，就在他们分手三年多以后，她竟然被调派到上海总部，而且是长期任职。当时，他已经有了女朋友，而且婚都已经求了。

其实，荔枝并没有想过要复合或者怎么样，那个男生甚至根本都不知道她来了上海。她只是觉得，人生的际遇还真是微妙得很，很多事如果你肯回头想一想，简直就像是照着剧本演的一样。我们每个人都会经历从出生、长大到结婚、生子再到老去的一个过程，只不过，我们谁也猜不到自己这一版的结局如何。

后来，荔枝小姐的人生就更像是神转折一样——她嫁给了一个老外，定居加拿大，还生了一个混血萌娃。她与他有过交集，但最后却没能走在一起，不过所幸，她很幸福，而他也很好。

现实里的爱情故事往往就是这样，很多时候，它拼的并不是什么"先到先得"，而是"非你不可"。

03 ,,

和荔枝小姐一样，叶子同样也没有选择异地恋。

叶子的前任是刚刚开始工作的时候认识的。叶子当初和他谈恋爱还没谈到一年，他就遇到了一个他觉得很好的工作机会，但是必须要先去那家公司在国外的一个项目组里任职，待上至少一年。

他和叶子商量，叶子说："这事儿没得商量啊，因为我坚决不能接受异地恋，你真想去的话，我没想拦着，但咱们俩就只能分手。你决定就好。

我不是不爱你，更不是对你没有信任，你也不必拿现在打电话或者视频通讯多么多么便利来说事儿，我就是不想过那样的日子，我不想和电话、和电脑、和快递、和空气谈恋爱，不想在最想你、最想和你说话的时候，还得先看看你那边是几点。"

异地恋最可怕的一点，就是时间的距离真的会冲淡两个人之间的情感。就说个最简单的小事吧。

女生小A某天没带伞，偏巧被雨淋了，又湿又冷的，再看着身边经过的女孩都有男朋友给撑伞、披外套，于是满心的委屈和可怜。到家了，男朋友打电话来，她心里委屈不想接，视频也不接，微信也不回，弄得男朋友在那儿胡思乱想担着心。

可她如果接了电话，就算是对方的语气完全跟往常一样正常，她听着都觉得刺耳，还没说两句可能直接就泪崩了，然后还憋着火儿什么也不说，就是不告诉他为什么哭。最后这个弄不清楚状况的男朋友觉得她怎么变得这么作、这么无理取闹？这恋爱到底还谈不谈了？怎么谈？

站在小A的立场上，这不算是作，但是对于她男朋友来说，这就是作。一来二去，感情禁不起磨，自然也就淡了，没了。

后来，叶子的男朋友又试图劝了她好几次，甚至都开始引经据典了，"人家王宝钏十八年都等得了，我们分开一年又怎么了？"

而叶子的态度就是，"你不也说了吗，那是王宝钏……"

其实事情如果发生在别的女孩身上，未必会做得那么绝决，丝毫余地都不留。可叶子当时所坚持的原则就是这样，不管你多好、多优秀，不管我多爱你、你多爱我，也不管将来我会不会后悔，都不行。

叶子大概永远也成不了那种会跟男朋友说"我会永远在这里等你"的人，因为她很相信，当一个人有了退路，就只会变得更加肆无忌惮。另外，异地恋见面的时间总是很少，每次见面都被喜悦和不舍填得满满的，很多问题也就自然被掩盖了，可能很多人在这一点上能够处理得比较得当，对于前景也比较乐观，但叶子真的认为自己做不到。

当然，凡事无绝对，很多事并不会像自带方向盘一样，只要把控住了就能听话地朝着你自己所想象的结果去发展，指哪打哪。那些熬过了异地相思的恋人，有一些会皆大欢喜，终得圆满，但是也有一些最终还是因为别的原因而分道扬镳，此生为憾。至于当初因为异地而选择分开的人，也许错过了就是一生陌路，可也许经过兜兜转转之后，竟然又走回到对方身边。

所以，对于爱情这件事，无论你怎么选择，都对，也都不对。缘分这件事，说不定的。

后来，当一切的愿意与不愿意都经历过了之后，我们终于真的明白，成年人的爱情规则其实简单的很：自己选择，自己承担。

我们都无法对别人的人生负责，无法指导别人：你不该回头，你能遇到更好的。我们也无法指导别人：你让他去吧，异地恋就异地恋呗，没事儿的，你一定要相信他。毕竟，要面对并且承受最终结果的人，只能是他们自己。

其实，人生所谓的成熟，就是当你开始意识到人与人之间的想法竟是如此的不同。你想飞，我却想留；你想活得热闹喧嚣、人声鼎沸，我只想活得风平浪静、安安稳稳；你习惯人潮汹涌、车水马龙，可我就喜欢平沙落日、微风不燥。

我们每个人在自己认为是对的选项里打上勾，然后，再花费时间、搭上精力、赌上运气，努力去证明自己当初的选择是正确的。这不是一个容易的过程，需要诸多的造化和机缘，越勉强，越无益。

04 ,,

其实啊，女人个个都曾经是紫霞仙子，一心一意地以为故事的结局是"我的意中人是个盖世英雄，有一天，他会身披金甲圣衣、踩着七彩祥云来娶我。"

可到头来，多少人最后都在无情的现实面前逐渐明白，原来，我的意中人是个盖世英雄，有一天，他会身披金甲圣衣、踩着七彩祥云娶别人。

人啊，自我疗愈的能力真的是超乎想象的，毕竟，不管你离开谁，或者谁离开你，生活一样还是要继续。你还是有工作要做、有客户要见、有亲人要陪，你依然得仔细熨平衬衣上的褶皱，要想着怎样解决好你的一日三餐。

你以为你会低迷很久，可原来在与一个人告别以后，你的生活并不会因此失序太久。有一天你会发现，你的心情其实早已慢慢平复，你重新听起车里那几首百听不厌的歌，你会出门旅行，你会在刚巧赶上的某一刻，按下快门，拍下一张美到永远都舍不得删除的照片。

瞧，你生活的这艘航船不会真的失去平衡，你还是能找到新的方向，继续往前行进。这不是冷血无情没良心，因为问题在于：那不然呢？

一哭二闹三上吊，谁要看？

不吃不喝不说话，管用吗？

撒泼打滚砸东西，然后呢？

时间留不住的那些过往，我们都该笑着放过。若再往狠里说，那些活着离开你的人，都没什么好留恋的，真的。

08

男友力训练笔记

她故意赌气关掉手机你就不管她了？

我告诉你，哪怕是她冷静下来想了想，觉得确实是自己理亏，可等她开机后发现你竟然连一个信息都没追过来，火气没准儿比原来更大。

只要她还肯和你说话，
无论她放多狠的话，
也都是在等着你去哄而已。

所谓的恩爱，

其实就是好好说话。

爱情

就是一件

任性又平凡的事

01 ,,

　　我不知道现在有多少人，听说过，或者正在面临以下这种情况。

　　相亲之后，姑娘观察了两个月，觉得对方真的不太合适，决定分手。结果，家里人一听，顿时就炸了毛："嗯？哪就不合适了？孩子，你自己说你都多大了，错过了这个，你还想找个什么样的啊，啊？"

　　姑娘说："他情商太低，况且，我们俩三观差太多。"

家里人又说了，"不用跟我们咬文嚼字的，什么情商不情商的，你啊，其实就是任性，我看你俩挺互补的，你别急着决定，你再想想。"

姑娘心里暗暗叫苦：我俩互补？补个鬼咧……

02 ""

在爱情里，钱赚得不多、长得不帅，也许都不是最大的硬伤，情商低到欠费才是。

情商低，究竟是怎样的一种迷之尴尬？

例子来啦。

你带着姑娘 A 去看看风景、登登名山、逛逛古寺园林，想着增进下感情，气氛好的话，没准儿还能借机牵牵手、搭搭肩什么的。这套路完全没问题啊，关键是人家明明信的是天主教，可你却不知道是哪根筋搭错了，一遍又一遍地跟她说，让她每个禅院都去许愿、祈福、求签，不扫兴才怪……

或者，姑娘 B 可是正儿八经的少数民族，大家出来聚餐，你光想着帮人家夹菜、倒水、献殷勤，可是，人家能吃的卤牛肉、香辣虾、青菜你一样都不选，偏偏给她的碟子里猛堆糖醋排骨、红烧肉，结果，还是靠她的闺蜜出来解围，默默拿到自己这边替她吃掉。

又或者，姑娘 C 既不信哪一种宗教，也不是有自己饮食习惯的少数民族，但是几次接触下来，通过你的种种细节和表现，在人家姑娘眼里，你的脑门上明晃晃地贴着四个大字——不！会！聊！天！

你骨子的逻辑观念就是：周末就是用来宅在家的；花三五千块钱买个包包简直就是在犯罪，大牌子那都是在明抢，买的人不是大款就是傻子；电影在家里的电脑上看不也一样吗；速溶咖啡也是咖啡啊，爱喝星巴克的我看都是伪文艺青年……

所以，你倒是说说看，你可能步步都没踩到点儿上，人家怎么会对你有好感，怎么可能不暗翻白眼，拒你于千里之外？

03 „

到现在为止，我始终认为，爱情这件事呢，既平凡又任性，平凡到每个人都能拥有，任性到大概从你们说第一句话、见第一面的时候，心里就已经有数了——这人啊，不是我喜欢的那一款。

所以，很多人特别是在自己年轻气盛的时候，都做过一件挺无聊、挺荒谬的事情，那就是一旦和自己的想法事与愿违，就容易觉得人家是嫌贫爱富，或是只看颜值不看内涵，觉得人家太肤浅，没眼光。

实际上，真正能够肩并肩、手牵手好好走在一起的人，靠的都是八个字——三观契合，互相尊重。真的面对一个跟自己三观不一致的人，你大概一秒钟都不想和他呆在一起，连一个标点符号都懒得给他，所以，勉强谈下去的结果，一定是"来啊来啊，让我们互相伤害吧。"

说来说去，三观一致到底是个什么鬼？

三观一致，可不光是我们都认为小偷该抓、老人该扶、台湾不能搞独立、钓鱼岛就是中国的。还有我的爱好是买口红，那你的爱好就该是给老婆买口红；我喜欢跑步，你喜欢

健身，我们可以一起去泡健身房；我认为女人出去挣钱也是
应该的，你认为男人做做家务、哄哄孩子也真的无妨。

　　诸如此类。

　　总之，对于爱情里的人来说，三观对了，聊天和相处的
频道也就对了。能够尊重彼此的不同，你们都能做最舒服的
自己才最重要，然而，也最难。

04 ,,

　　想想看，女朋友非让你把合照设成手机屏保就是作？
　　非想吃某一家的生煎包就是太事儿？
　　从来不吃香菜就是矫情？

　　在有些人看来，这些全都是烦恼，他觉得这些行为是蛮
不讲理、不懂事，是在出幺蛾子，但同样一件事，发生在另
外一对儿身上，就完全不是问题啊！
　　她想让我把合照设成屏保，那就设呗，我女朋友好着呢、

美着呢，大大方方秀一把恩爱、撒撒狗粮，不是挺好的吗；

她想吃生煎包了，那就带她去吃呗，难得她都"钦点"了，我还乐得不用再浪费脑细胞，去纠结这顿饭要去吃什么了，多好；

她就是不想吃香菜，那就不吃呗，多大点儿事啊，反正她爱吃的东西多着呢，我们点别的吃不就 OK 了吗？

谈恋爱，最可怕的事情不是她偏偏遇到了一个毒舌型的男朋友，而是他真心以毒舌为幽默，拿尴尬当有趣。

结果，她总是被他打击、挑毛病，挑来挑去，挑到她甚至有种被嫌弃的感觉，在他那里，她花了二三十年建立起来的自信和三观简直统统都被否定掉了，好像她的出生简直就是一个错误似的。

可是分开之后，当她遇见了另外一个人，方方面面却似乎全都对了。他真的不会因为她最讨厌吃某样东西就觉得她娇情难伺候，他不会因为她开车找错了路就反复数落她笨得要命，他不会在她说很想去玩旋转木马的时候认为她太幼稚，也不会因为她老是爱素颜、爱穿平底鞋就要她非改变不可。

他们之间的沟通成本很低，因为他们的想法保持在同一个频道上，在他的眼里，她其实真的挺可爱的，她的一切缺点也都在他的可消化的范围之内，而他在她这里也是一样。

她终于发现，哦，原来不是自己不好，而是自己那个前男友啊太差了。

09

男友力训练笔记

别死磕，

记住，

你以为的，真的只是你以为。

女生需要男生给她的感觉是：
"我很忙，但是对你，
我永远有空。"

对于绝大多数女生而言，

你肯不肯先服软，

要比道歉的时机、方式、内容都更重要。

长辈真的比我们
更浪漫

01 „

　　在我的眼中、在我的心里，爱情最好的模样，其实是我在爷爷和奶奶身上看到的。

　　爷爷的面相很憨直，不怎么爱笑，可是奶奶长了一对弯弯的笑眼，我常常都在想，奶奶年轻的时候一定特别好看。

　　爷爷的脾气很容易急，一口饭菜不合胃口就能立马放下筷子不再吃的那种，可是奶奶就很淡定，这么多年下来，印象里，好像从来没见她因为一些大大小小的事情翻脸过。

　　我记得我曾经问过奶奶，怎么没见你和爷爷吵过架，奶奶给我的回答就是：吵啊，怎么不吵，但是三两句就吵完了。

　　三两句就吵完了，真好！

02 ,,

　　爷爷家的院子里有一个铁线架，常常用来晒被子和晾衣服。后来有了我，爷爷就在铁架的边上额外支出了一段，然后还特意找人做了一个带靠背的秋千木凳，结结实实地拴了一个秋千。

　　此后每年快到夏天，爷爷就多了一件事要做——安好秋千，换一换环扣和绳索。

　　现在回想起来，那架秋千绝对算是我童年时期的一个坐标了，很多时候，爷爷就带着我在那儿玩秋千，而奶奶就坐在旁边陪着我们，手里摆弄着自己的针线活儿，爷爷摇着一把旧蒲扇，替我们挡着蚊子。后来，我长大了，不爱玩了，但是爷爷却始终也没舍得把秋千给拆掉，经常指着它，跟我讲我小时候的事。

很久以后我才明白，原来，奶奶她特别喜欢这架秋千，偶尔没事儿的时候，她很喜欢坐在那儿，摘菜、剥花生仁儿……可以说，爷爷其实就是为了奶奶的这份童心留的。

发现了吗，长辈啊，真的比我们更浪漫。

03 ,,

等我上大学的时候，奶奶已经快八十岁了。

有一次放假回老家，我一时起了玩儿心，把自己的耳环摘下来非要让奶奶戴上看看，奶奶就说好。奶奶戴了一会，在我刚凑过去要帮她摘耳环的时候，奶奶说："还是让你爷爷摘吧，他都给我摘了几十年耳环了，别人摘，我怕疼。"

就那么轻描淡写、自自然然的一句话，却猝不及防地在我面前大秀了一把恩爱。

后来，奶奶的身体渐渐不比从前，走动起来一天比一天更不利落，拐杖慢慢不敢离身，记忆和听力也开始变得不是很灵光，但好在饭量一直都还算不错。

其实，奶奶比爷爷还年长两岁，爷爷的身体状态一直很好，这么多年几乎都很少打针吃药的。所以到后来，平日里已经是爷爷照顾奶奶更多些。

爷爷说："你奶奶啊，就是太要强，以前她还老嫌我洗菜不仔细，现在你们看看，她吃我做的饭吃得香着呢？"

实际上，爷爷心里头就跟明镜儿似的，奶奶那是不想爷爷进厨房，所以老往外撵他，就想让他多歇歇，不愿意让他沾一点儿油烟——他最烦的就是那股油烟味儿。

然而，毕竟年纪摆在那里了，家族里的人私底下里也在说，"唉，别看老爷子目前身子骨这么硬朗，但是，将来真有那么一天，这老两口啊，还真说不定是谁先留下谁。"

后来，真的是爷爷先走了，那一年的初秋，他永远地沉睡在了那个温凉和缓的午后，很突然，但也格外安详。

04 ,,

爷爷走了以后，大家开始都特别担心奶奶，而奶奶却出奇的平静，没哭没喊也没闹，可我就是觉得，她的眼睛里总像有什么让人心疼的东西在闪烁着，亮晶晶的。

有一天，我看到奶奶自己一个人坐在院子的秋千里，我听到她嘴里似乎在小声念叨着什么，走近了，终于听清了：

"往后啊，没人推我了……"

"唉，你说我怎么就没想起来和你好好照张照片呢，都怪我……"

到了奶奶的年岁，一切的事情好像都变得豁达通透起来。奶奶说，她余下的日子，走的都是通往爷爷身边的路，多活一天开心，少走几步也开心……

张爱玲说："也许，爱不是热情，也不是怀念，不过是岁月，年深月久成了生活的一部分。"

我也想到了海子的一句话，或者，他说得要更加简明直白些："其实我一直都明白，能一直和一人做伴，实属不易。"

这个世界上有很多可以变，工作可以变、城市会变、时尚也会变，但爱情终是不同。人们常常告诉自己，也同样期待对方这一辈子就只爱一个人，永远不要变。

当成年了之后，对于上一代人的爱情或者婚姻我们难免会有些品评，很多人认为长辈们过得其实就是"将就型""捆绑型"的婚姻，而其稳定的基础主要靠的是道德伦理、社会环境、人际关系的种种约束，这些甚至可以说是一种并不道德的道德绑架。

但是，真是这样吗？或许，在这些约束之外，人性当中最纯良、最厚实、最善良、最柔软的那一面被无视了，而这些恰恰就是我们最需要的，以及正在苦苦寻找的。

10

男友力训练笔记

不浪漫这种"病"，

其实算不上什么爱情绝症，
毕竟，有人有病，就有人有药。

如果你想玩玩浪漫，
别太在意效果，更别担心弄巧成拙，
毕竟，心意最重要。

日后有一天真的回忆起来，
被你搞砸的那次说不定也最美好。

永远不要觉得自己不会浪漫，
更不要断定对方不需要浪漫，

有些事情你做了以后就会发现，
它的性价比其实很高。

"作"跟"作"
可不一样

01 ,,

当女生在讨论谈恋爱要找什么样的男生的时候，可能会列出来好多好多条标准：

阳光、帅气有内涵；

温柔、体贴又顾家；

浪漫、细心有格调；

赚的钱全都交给我，让我放心买买买；

回到家里能下厨，还是会做大餐的那一种，把我宠成小公举；

......

咳咳，想想就行了啊，下面，我们来说点正事儿。

如果按照一种最理想、最稳妥、最顺利的状态，把顺序倒过来往前推算，一个女孩子，如果想在三十岁的时候能拥有一个一家三口式的小家庭，那么，她最好要在二十七岁就扯证结婚了，然后，顺利度过一年多的新婚磨合期，以及一年的身体调理期。

如果把两个人从相识到求婚的这段恋爱过程按照两年来计算，再加上求婚之后的买房、装修在内的所有琐事，以及婚礼筹备期大约至少还需要一年左右的时间。这样一算，她最好要在二十四岁甚至更早，就认识这个将来会娶她的男朋友。

换句话说，自从二十二岁大学毕业之后，其实，能归你比较自由地支配和享受的单身时间就只有两年左右。当然，这还是在你不读研深造，且不经历一场没结果、不成功的恋爱的前提之下。

怎么样，这个理想的恋爱结婚规划表给你留的时间是不是还真的挺短暂的，有点儿被吓到了吧？

02 ,,

　　小北确实在二十四岁的时候认识了浩子，但是很遗憾，这段恋爱最后并没有一步步朝着他们所希望的方向发展，两年之后分手。没有劈腿，没有小三儿，更没什么父母阻挠、车祸、癌症之类的韩剧梗。

　　对于这个结局，小北只是在深夜发了一条微博：

　　"终于还是没能以恋人的身份和他庆祝两周年，我知道，他可能连礼物都选好了。但是，他值得更适合他的。至于我们，还会是很好的朋友。"

　　其实，按照旁观者的眼光来看，在小北和浩子之间，是浩子更爱小北一点儿，不不不，不只是一点儿而已。

　　浩子是那种真的会把女朋友宠上天的那种人，连头像都是他帮小北涂指甲油的照片。小北只是随便念叨一句想吃牛排了，下次约会见面就十有八九是在西餐厅；小北不太喜欢别人抽烟，他就真的慢慢减轻了好多；小北喜欢 Hello Kitty，他就任凭她在他这个大男人的车子里放粉粉嫩嫩的毯子、靠枕、挂件和各种布偶，毫不介意，只要她高兴就好。

　　据我所知，在小北和浩子恋爱的这两年的时间里，基本就没为了什么事情而大吵特吵过。所以，当知道他们分开的时候，周围很多人都觉得很可惜，"浩子对你多好啊，你到哪儿去找像他对你那么好的人？你说你这不是瞎矫情吗？"

小北说："我知道，他真的是个很好的人，好到值得我放心去嫁，但是，我们其实真的不太合适。"

小北在高中的时候就出国读书了，工作以后，她原则性不加班，工作绝对不会带回家，一谈起电影、话剧来眼睛里都放着光，超级喜欢做旅行攻略、旅行、拍照。

可浩子呢？医生，而且还是外科病房医生。除了平时的手术、急诊、加班外，外出的学习、观摩、交流这些活动也很频繁，平时得闲的时候，他最大的消遣娱乐就是深夜看球，而小北本人从小到大对任何的球类体育项目都不感冒，即使在欧洲读了这么多年书都没能培养起她看球的兴趣来。

用小北的话说，其实呢，浩子真的需要一个可以好好照顾他、照顾家的女人，需要一个可以很好地适应并且配合他的生活节奏的女人，我真的努力过了，但是没办法，我真的做不到。

03 ,,

我不知道，在你身边有多少人，在去年情人节的时候还是出双入对，你侬我侬，在朋友圈、微博上狂撒狗粮，可现今又回归到了单身贵族行列，就像小北和浩子一样。

于是，有的人心里当然不解，觉得两个人明明没必要分手，人家当男朋友的都已经对女朋友这么好了，女朋友为什么就不能再试试？遇见了一个对她那么好的男人，为什么还要作？

其实，"作"跟"作"可不一样。

有的作，真的就是不懂珍惜瞎折腾，而有的作，却是不愿将就，不想互相耽误。

我想，小北是真的想明白了：他对我好不好，和我们将来在一起生活会不会幸福，真的不是一回事儿。

平心而论，一个智商不低、情商也更是不低的姑娘，要说服自己做出这个决定，对她来说，应该也是特别不容易的吧。

小北说："他可能并不知道，其实，我完全可以接受男朋友对我不那么细心周到，毕竟，我自己一个人在外面生活的那几年里我也没饿死、冻死、病死不是，我真的可以照顾好自己。只可惜，如果我们能再多一点儿共同的话题、彼此能再默契一点儿，那多好……"

那一刻，我突然意识到，原来，在她和他的这场爱情里，更遗憾、更心酸、更想要努力磨合的那个，其实可能是小北，只不过，更清醒的那个人也是她……

爱情里的事，在发生的时候都是当时当下的，但是，关于这场爱情的另外一些东西，可能我们要在很久以后回过头再去想的时候才能够弄明白。

所以，对于每段最终没有达成圆满的感情，时过境迁之后大概有人会说："嗯，也好，其实你们并不合适。"而最悖论的就是，这个人，和当初说过"你们真的挺配的""你们真的不应该分开"的人，恰恰就是同一个人。

人生微妙，聚散终有时。我只希望，在错过了对方以后，下一次恋爱，小北和浩子都能遇到那个对的人。

11

男友力训练笔记

太过执念，伤人亦伤己。

告诉自己，
那些得不到的也正正好好就是自己不想要的，
也是一种打法。

○低级别的爱，
　是你以你自己所喜欢的方式付出。

○更高级别的爱，
　是你以对方所需要的方式付出。

"天涯何处无芳草"

信了这句话而分了手的人，
后来大都不会再拿这句话劝别人。
所以，珍惜眼前人，也许，眼前的就是最好的。

你该知道，

谈孤独时

我在谈些什么

01 ,,

　　上大学的时候，我们整个寝室都特别迷恋《老友记》，整整十季，两百多集，被我们看了不知多少遍。

　　我记得，里面有这么一集。

　　大家张罗着给 Rachel 搞一个三十岁的生日派对，可她一直对自己年满三十，即将要开始"三字头"的人生这件事耿耿于怀，怎么都没办法接受。虽然有很多贴心的礼物可以收，可她就是很郁闷，大家怎么哄都不行，仿佛三十岁来了就到世界末日了。

哭哭笑笑、嘻嘻闹闹的一集，而我当时其实并不理解，"奔三"这件事，真有那么可怕吗？

你呢，还记得是什么时候开始彻底意识到"奔三"这件事的？听着新来的后辈同事们无比顺口地叫你"姐"的时候，还是听着小孩子奶声奶气地开始叫你阿姨的时候？

你脸上微笑着，心里却是不爽到爆，怎么听怎么觉得，"阿姨"这个词，跟"大妈""欧巴桑"的含义差不多呢……

02 ,,

在我的同事里，有这样一个刚刚进入了"三"字头儿年纪的所谓"剩女"，颜值在线，衣品颇佳，工作能力一流，人品就更是没话说。

以下，就称呼她"山竹小姐"吧。

日常我们所看到的她，可以说是干脆利落，走路带风，真的是任何事情都打不倒、难不倒的样子。和她相处久了，你就实实在在地知道了，除了花前月下和偶像电视剧里的傻白甜，原来，"女人"这个词，真的可以和冲锋陷阵联系在一起。

然而，人永远都是多面的，看似再强悍、再独立的女人也是一样。

有一次，我们部门内部出来聚会，山竹小姐稍微多喝了两杯，因为那天其实是为了庆祝她负责的一个项目提前顺利完成，大领导决定请客嘉奖。

那天散场以后，由于是顺路，我和她就一起打了一辆车回家。本来她的神色和情绪都很正常，我俩聊得也挺开心的，但是，车停在某个路口等待绿灯的时候，她的目光扫到了旁边的车里。

当时已是初夏时节，每辆车的车窗基本都开着大半，而她旁边车道的那辆车里正好坐着一家人，有孩子，有老人。孩子还很小，大概不满周岁的样子，乖乖地坐在后排座的儿童座椅里。

无非就是一个极普通、极平常的画面而已，可大概是因为酒劲儿尚在，整个人也跟着变得稍微敏感一些。她先是沉默了一会儿，然后，她和我说：

"你知道吗，其实，每次节假日从老家看望父母回来，我几乎都会跟自己暗暗发狠，我说，现在只要有个男人说想娶我，不管他外貌多难看、长得多矮，也不管他多穷、啤酒肚多大、品位多老土，我肯定立马就答应他，把自己给嫁了。但是一旦稍微冷静下来再一想，唉，还是不行……

我也想把生活尽早折腾成自己想要的样子，也折腾成我父母想要的样子，可是，有些事，你真的没办法。"

她的语气很是落寞，让人听着有一些揪心，而她当时的那种似乎刚被洗劫一空，却又似乎充满了很多情绪和内容的眼神，我至今都记得。

03 ,,

其实，那天的山竹小姐，让我想起了我有一次在西藏遇到的一个驴友——栗子。

那时候，我是和一个闺蜜一起，可栗子就一个人，大家是在一起拼车认识的。聊了两句之后，居然发现后面刚好有一段要走的行程是相同的，就索性结伴在一起了。

当时的栗子是刚辞了职出来的，看上去，最多也就二十七八岁的样子。

后来留了彼此的联系方式以后，我看到了她在遇到我的前两天发过一条朋友圈，配图是一张她的照片，身后就是布达拉宫，光线很美，蓝天很美，宫殿很美，她脸上的酒窝很美。而我看了底下文字才知道，原来，那天正好是她三十一岁的生日。

栗子和我说，如果放在她出生的小城镇里，以她的年纪，第一个孩子可能都上学了，她的一些小学同学就已经是这样。

父母当然着急，按照老人家的心思，大概别人家的孩子连考试卷子都交上去了，自家这么好的姑娘还在不紧不慢地做前面的填空题，能不急吗？但说多了又怕她烦，压力大，影响她的情绪和工作，所以，也就只能时不时地明里暗里探探口风。

栗子说，曾经有一段时间自己的情绪特别不好，看见屋子里的每样东西都觉得横竖不顺眼，莫名其妙就想摔东西，养了好几年的一只小泰迪也走丢了。总之，工作和生活几乎都挺让她灰心的，没有一件能让她开心的事儿。

赶上放了假，栗子也不太想回家，因为哪怕是父母那边不说什么，遇到亲戚朋友、左邻右舍肯定总有人会问这问那，弄得她自己都替父母觉得尴尬，就好像真的是自己犯了什么罪过似的。

这种心情和状态，挺糟糕的，所以她才有了那次旅行，也才有了我们那一次的相逢。

04 ,,

后来，我和栗子的联系一直未断。

我知道，在某一个瞬间，我心里曾经产生过那样一种希望，我竟然无比希望，生活能像俗不可耐的电影剧本一样，在西藏，或者是在回程的飞机上，栗子和别人拿错手机、领错行李，或者她一个不小心撒了邻座一身果汁，然后就撞上了一场美好的艳遇。可结果是并没有，什么事都没发生。

不过，令人高兴的是，栗子并没有让我等太久。

在栗子陆续更新的动态里，我知道她恋爱了：音乐会的门票是两张，电影票根是两张，饮料是两杯，鳗鱼饭是两人份……

今年的情人节，栗子发了一张图片，黄昏的塞班岛，白净细腻沙滩上留着两双脚印和两行字：

Will you marry me ？

Yes ！

其实说实话，如果是在电视剧里出现这样的桥段，我肯定会和身边的人吐槽，"我就说吧，现在的编剧可真是够懒的，多少年老掉牙的烂梗了还在用，一丁点儿诚意都没有。"

但是，当时的我是真的被触动到了。

配图的文字，是栗子近来很喜欢的一位作家说过的一段著名的话：

"我希望，有个如你一般的人，如这山间清晨一般明亮清爽的人，如奔赴古城道路上阳光一般的人，温暖而不炙热，覆盖我所有肌肤。由起点到夜晚，由山野到书房，一切问题的答案都很简单。

我希望，有个如你一般的人，贯彻未来，数遍生命的公路牌。"

后来，栗子出嫁那天，雨稀里哗啦地下了一整天，没停过。栗子头发湿了，衣服湿了，袜子湿了，鞋子湿了……但是她一直都在开心地笑着，没停过。

她那眼角眉梢里洋溢着的笑意，真好。

原来，女孩是否快乐和天气无关，和年纪无关，只和她遇到了什么样的人，过着什么样的生活有关。

05 ,,

渡边淳一在《情人》里说，女人在二十几岁的时候会担心自己嫁不出去，可上了三十岁，一种女人的倔强便会油然而生，或者说，她自己独有的生活习惯已经根深蒂固，再想要改变，已经非常不容易了。

其实，这世上的人，哪有不怕孤独的。在那些独自加班回来的夜里，自己一个人孤零零窝进沙发里不想开灯的时候，内心一定会有个声音对自己说：我不能再这样下去了。

　　小说《日出》的女主人公陈白露有一句名言："好好地把一个情人逼成自己的丈夫，总觉得怪可惜似的。"而在亦舒那里，这句话被转述成了这样："好好的一个男人，把她逼成丈夫，总有点儿不忍。"

　　其实我想说的就是：同样的道理，女人也是一样。

　　讲真的，一个女人要有多少的勇气和多少的爱，才能不出去找朋友逛街、吃饭、喝茶、练瑜伽，而是愿意站在厨房，把那一大堆油腻腻的碗全都给洗掉；才能不计划出去旅行，而是愿意把自己关进洗手间，把一家人的脏衣服、臭袜子统统洗干净？

　　请注意，是每天，每天！

　　当然，这世界上有一个永远有效的法则，那就是一物换一物。

　　怎么讲？

　　单身的时候，你一个人做饭必多、煲汤必剩、连咖喱和调料都能放过期，水电煤气哪里有问题你只能一个人想办法去解决，前一天熬夜第二天早上睡到快迟到了也没人叫醒，你要用种种的尴尬、用一切的兵荒马乱，换来你可以一放假抬腿就走、无牵无挂去旅行；

换来你不用在想看场电影、想吃四川火锅的时候，必须要顾虑对方时间忙不忙、对电影类型的喜好，顾虑对方能不能吃辣；

换来你不用面对孩子哭闹、老公晚归、公婆太唠叨，周末还有机会可以睡到日上三竿。

两个人的时候，你像是被"挟持"着，要放弃一部分的自我，你要忍受对方大大小小的毛病，你要扛起更多的责任，去换来每天下班回家在楼下就可以看到屋里亮着暖暖的灯光；换来有人在离开你去外地出差的时候，傻傻对着手机里存着的你们的合照犯相思病；

换来父母每次一想到你的时候能更加安心，不用惦记胃不好的你就算是哪天半夜里疼醒了也没有人在身边照顾；

换来你不必连下楼扔个垃圾、取个快递、买个酸奶，都得提醒自己重要的事情说三遍：带好钥匙、带好钥匙、带好钥匙！

瞧，好一场关于孤独的相爱相杀。

06 ,,

很多人常常会遇到的事就是被别人贴标签，可若是仔细想想，女强人得罪谁了，用你给开工资了？女博士有什么不好，花你一分钱了？全职主妇就代表她是没能力的黄脸婆吗？女汉子又怎样，吃你们家大米了？占你车位了？还是刷爆你银行卡让你清光购物车了？

没有，都没有。

这些名词、称谓其实都是别人给设定的，而人格上的真正独立和自由，就是我们自己去定义并且去争取自己的全部幸福。

现在，真的有一些人会产生质疑，是不是一个人越成熟、越优秀，就越难爱上别人、越难结婚？

在我看来，不是你越成熟、越优秀，就越难爱上别人，而是你越成熟、越优秀，就越容易分辨出那是不是爱，与此同时，你也越难放弃原有的生活方式。特别是对于生活方式这一点，从单身一人到两人世界，又或者是从两人世界到三口之家，其实都是如此，你要打破一种平衡，就势必要去辛苦建立起另外一种平衡。

对于任何人来说，要离开自己原本的舒适区都需要太大的勇气，也都无疑是一场冒险。

说到底，我们谁都不敢保证，一场选择最后会给自己带来些什么，一条路走下去会遇到些什么，但是我们都该知道，其实，任何一种人生状态都自带着它的漏洞，但你也总会遇到一些奇妙和幸福，这当中无谓好坏优劣，因为无论如何你都得接招。

12

男友力训练笔记

村上春树愿意告诉你:

"当我谈跑步时,我谈些什么"。

而对于女生而言,男生起码应该知道,
当她谈孤独时她曾经历过什么。

实在不知道该说什么、该做什么的时候,

那就在一个比较合适的距离里,

安安静静地陪着她吧。

一个女生如果生气了,你愿意哄她这件事,

比你怎么哄她更加重要。

你身边

就只有一个位置，

可我也一样

01 „

　　李默有两个很要好的闺蜜兼损友，小楠和小雅。小楠已嫁为人妻，小雅马上要嫁，就隔三差五拉着她们陪着自己试婚纱、买东西。

　　小楠呢，处于一种抓紧一切机会当小雅的婚礼顾问和李默的爱情军师的状态，她就乐意和小雅合起伙儿来，变着法儿地挤兑李默。

　　小楠说："我们办公室的一个小女孩，就是我跟你们提过的那个 90 后犀利妹，前两天过生日，然后有个喜欢她的男生跟她表白了，然后还送了她一条蒂芙尼的项链。再然后，小姑娘这两天的心情都特别的好，有好几次，我看见她偷偷摸摸在那儿傻笑，找她办什么事儿都笑眯眯的。爱情里的小女人啊，果然幸福，想藏都藏不住。"

李默就说："呦，蒂芙尼项链，说明这男生的品位还不赖啊。"

小雅说："我看用不着蒂芙尼，这要是换成周扬，一顿肯德基就能把你给骗到手。"

小楠马上补刀："要我看，都不用着什么肯德基、麦当劳，估计一袋泡椒鸡爪子就行了。"

李默不服："切，瞧瞧，从蒂芙尼也能扯到了鸡爪子，难拔高的一群……"脸上带着鄙视的小表情。

周扬是李默公司的同事，和她在不同的部门。个头不算高，略瘦，他给绝大多人的印象是既不幽默也不文艺，但颇有生活质感，话不多，属于很典型的行动派处女座。

总之吧，不偏不倚，正好就是李默喜欢的那一款。

和文静型的李默不同，小楠可是性格很积极、很直接的人，有时候甚至有点儿口没遮拦尺度大，她接着说："说真的啊，喜欢谁这件事吧，千万别拖，最好是你不藏着，我也不掖着，又不是在演电视剧，把剧情拖的那么长干嘛啊，要虐出收视率吗？再说了，现在的人，就连约炮、捉奸这么辣眼睛的事儿都敢自爆，你好姑娘一个，正儿八经喜欢一个人，凭什么说不出口？"

李默一想：嗯，也对。

02 ⁹⁹

赶上李默的公司奖励了一次七天的出境旅行，日本、韩国和台湾可以任选其一。选择去台湾的人很少，李默和周扬都在其中，而去的女生就只有李默和另外一个已婚的姐姐。

那几天大家玩得特别开心，行程主要都安排在了台湾的北部，玩起来很轻松，气候宜人，吃的又很好，每个人的心情都是美美哒。而李默隐约觉得，周扬其实对于她颇为照顾，大大方方地帮她拿包、照相、买水，请她帮忙给他家人挑礼物，吃饭的时候也是尽量坐到她附近。闲谈之间，他们聊到了挺多话题，他甚至跟李默讲了一些他自己上学时候的糗事。

　　但是，李默一直没有想过表白，她主要是担心，如果周扬对自己就纯粹只是对女同事的照顾而已，真的没有多余的意思，接下来还要天天都碰面，那可就太尴尬了。算了，还是回去找机会再说吧。

　　后来，在台湾的整个行程就剩下最后在宜兰的一晚了，呼吸着宜兰凉爽而又撩人的海风，又借着两罐台湾啤酒的后劲儿，李默忽然觉得时机好难得。于是，她终于无比忐忑地给周扬发了一句话：

　　"海上月是天上月，眼前人是心上人。"

　　然后她直接就关机了，没等回复。

　　倘若是在二十刚出头的年纪，如果你有那种"如果我爱你你不爱我，你就是渣"，或者"我对你这么好，你凭什么不爱我"的绑架式逻辑可能还说得过去，但李默不同，她真的已经过了那样的小女生阶段。

　　其实，李默当时心里还是有一些把握和信心的，可她依然自行脑补了很多种情形，而其中之一，就是她明天可能会给周扬一个很糟糕、很low的解释：真不好意思，我昨天有点儿困懵了，手滑，把那条信息回错人了，你可别介意啊。

　　但是第二天，开机之后，李默收到了周扬发来的两张照片，一张是她在海边的一个侧影，应该是他偷偷拍的，而另一张，他把自己的一张照片用修图软件和她的拼在了一起，还加了一个粉红色的爱心边框。至于修图技术嘛，就实在是有点儿拙劣。

　　"本来是想回去以后再发给你的，晚了你一步。"

03 „

　　这是我们都想看到的结果，你有情，我有意，那就水到渠成在一起了呗。其实，故事在不同的人那里，往往会有着另外的版本。

　　我们不妨就来开一开脑洞，在平行的时空里，周扬后来的确是有所行动，只不过，和李默所期望的刚好相反。

　　回来以后，周扬安排了一个饭局，请了三五个同事，而且他还多带了一个人，一个和李默年龄相仿的白净男生。

在整个饭局上，周扬显然已经事先和其他人都通了气，张口闭口几乎都在夸那个男生，家世好、学历高、工作能力强。饭局结束后接着又转战到 KTV，因为那男生唱歌水平的确还不赖，挺好听的。

散场的时候，周扬还特意和别人走在前面，好让李默和那个男生并肩走在一起，最后还嘱咐那男生"顺路"送美女回家。

那男生其实条件真的很好，但李默和他也真的是互不来电。而且，既然已经到了这一步，连傻子都能看得出周扬的态度和意图了。

于是，他们三个人，谁都没有和谁在一起。

以前我不太明白，为什么有一些人明明知道表白成功的概率很低，失败了就连朋友都做不成了，但她还是表白了。后来我有些明白，"我喜欢你"这句话，的确不能像饺子、小笼包、八宝鸭，而是应该像盖浇饭，盖头是青椒肉丝还是孜然羊肉，全都亮在明面儿上了，若能在一起，皆大欢喜，若是一言不和，那就各找下家呗。

心大一点儿，不喜欢就不喜欢呗，大路朝天，各走一边。你身边就只有一个位置，可我也是啊！我这么可爱、这么懂事、这么有趣、这么识大体，不能当我恋人，真替你可惜呢。

相反，世界上也总会有这样一类人，被人告白觉得人家是在开玩笑，被人喜欢觉得这种喜欢大概长久不了，跟刚认识的朋友多说了几句话就开始怕人家嫌烦，基本上除了打牌的时候喜欢乱叫地主以外，都活得挺克制严谨、小心翼翼的。

嗯，敏感多疑、卑微自闭，也该孤独。

林夕曾经说过一个尤为经典的富士山理论，其实你喜欢一个人就像喜欢富士山，你可以看到它，但是不能搬走它，你有什么方法可以移动一座富士山？答案就是你只能自己走过去。

你要知道，世上的很多事就是输在一个"如果"。其实，如果你肯再勇敢一点儿，或许你就真的过上了另外一种人生，又或者，那个人就真的跟你一路走下去了呢。

所以，如果喜欢谁，总要试着想方设法跟对方表达一下，默默陪伴在自己喜欢的人身边，甚至盛装出席看着人家出嫁或者娶了别人，这样做既不伟大，也不容易。

你要知道，演戏很辛苦，我们都高估了自己那一身蹩脚的演技，而你若真的把这个秘密带进坟墓，那没价值，连陪葬都算不上。

13

男友力训练笔记

分手可以是很多女生的口头禅，
但男生就不必了。

记住——"冲动"它真的是个魔鬼。

当她非作不可的时候，尽管选择让着她，
等到她自知理亏，心里自会感激。

有一种套路几乎所有的女生都会吃，
那就是——

看起来的漫不经心，原来竟是策划已久。

我不想贴个创可贴
还得自己去买

01 ,,

临关掉电脑睡觉前，刷到了方糖小姐更新的一条微博：

"心累，巨累。

加班累到快瘫，回到家，推门一看，嚯！客厅、厨房、卫生间，到处是一片狼籍，猫把猫粮袋从窗台上扒下来，猫粮、充电器、纸抽盒、化妆品、笔、卷纸……各种东西乱七八糟撒了一地。

这世界真的很小，小到你打个车、去趟超市、剪个头发，连中学时候的同学也能遇到。

世界也真的很大，大到连找一个愿意跟你一起稍微收拾一下残局的人都找不着。"

方糖小姐算是我的一个网友，从未谋面，只是一直在微博上互相关注，偶尔互动评论一下。

我其实属于不怎么爱逛微博的人，有时候我觉得，那里不真实的东西很多，借着奇葩的言论刷存在感的人也太多，所以，我的微博关注就只有两个分组：美食、旅行攻略。方糖小姐其实是美食组里的。

她热爱自己下厨做饭，而且能做大餐，可以招待一大桌子人的那种。她做早餐可以连着一个月都不重样，浆果慕斯、戚风、马卡龙也都是小 Case，朋友生日她送的蛋糕都是她自己亲手烤的。她在微博里会分享很多关于美食的东西，会推荐旅行时遇见的特别靠谱的餐厅和必点菜，会告诉你美食和美器如何搭配起来会互相加分。

这么说吧，每次看到她更新微博我都挺期待的，在我的印象里，那天是她第一次在微博上发泄自己的情绪。

我想，当时的她是真的觉得自己太孤独了。

02 „„

人在什么时候特别感到孤独？

有人说：

叫了外卖以后不敢先洗澡，因为没人帮你拿；

问了句"今天几号？"家里没人回应——是你在自言自语；

手刮破了，想贴个创可贴还得自己去买。

有人说：

出门想上个厕所，背包永远都要跟着一起带进去；

盼了好久的一部电影上映了，却找不到人陪自己去看；

过生日，祝我年年有今日，岁岁有今……还是算了；

出去吃饭，才吃了两口，服务员过来问："不好意思，请问就您一个人吗？能不能麻烦您，和旁边的客人拼一下桌，实在抱歉，正好客满了，希望能空出一张桌给门口的那家人。"

我不知道，你会不会偶尔这样。

下了班，出了地铁往小区走，路上的餐馆似乎倒是不少，但是一家一家地走过来，你却丝毫没有想走进哪一家的欲望。

最后，你走进便利店，买了一盒泡面。

那时候，人甚至会突发奇想：世界上要是没有"吃晚饭"这件事该多好。你心里真的很希望，那时那刻，在前方的那个家里，客厅的灯是亮的，厨房的灯也是亮的，电饭煲里的米饭已经熟了，饭香冲破蒸汽孔向四外弥漫着，灶头上的青菜和热汤也都已经入味，等你回到家就可以端上桌了。

孤独这两个字好像会咬人，而这些时刻，就是它的"牙齿"。

哪怕你是好莱坞的超级巨星，你有豪宅名车、有光鲜的派对活动、有盛大的首映礼和采访、有整天追随的粉丝、娱记，你的身旁总有人在狂欢，那些人为了你乌泱泱、呼啦啦蜂拥而至，但却没人真正与你有关。

所以，人都很怕孤独。

从某种意义上说，我们本就带着一连串的惧怕在成长。

努力的人，怕自己的付出得不到回报；单身的人，怕自己真的一辈子也遇不到那个自己心甘情愿爱上的人；谈恋爱的人，怕一个不小心自己就变成了前任。年轻时，我们怕自己这一生碌碌无为，怕自己成功的速度赶不上父母老去的速度；年老了，我们又都开始惧怕死亡，害怕自己从这个尘世走散，此后再无任何可以相逢的人。

所以，承认惧怕孤独，从来都不是一件丢人的事，谁的心里又能没有软肋？

也有人说，喜欢一个人独处，远胜过对另一个人的迁就，这就是他单身多年的原因。而我只是担心，当你习惯孤独，也许就是最大的孤独了。

但我想，你还是应该试试有人陪伴，哪怕从做普通朋友开始。你给他机会，而他能给你化好妆出门的理由，能给你买新衣服、新鞋子、换发型的动力，能让你知道最近上映新电影里哪一部是真的好看，能让你去试一下最近新开的日料店。你的生活也许会开阔起来，而不是除了待在办公室，就是宅在家。

说不定试过后你会发现，两个人在一起，你所得到的快乐，可以远远大过你所付出的迁就呢？

03 ,,

我一直觉得，指望着能有另一个人来拯救自己落寞无聊的单身生活的人，有点儿像是一个在等着把自己救上岸的快要溺水的人。然而，等待爱情的人，通常比爱情里的人更需要清醒，毕竟，那些鸡汤文和爱情片台词所告诉你的道理未必可信。

台词告诉你："从现在开始你只许对我一个人好，要宠我，不能骗我，答应我的每一件事情，你都要做到；对我讲的每一句话都要是真心，不许骗我骂我；要关心我，别人欺负我时你要在第一时间出来帮我。我开心时你要陪我开心，我不开心时你要哄我开心，永远都要觉得我是最漂亮的；梦里你也要见到我，在你心里只有我！"

女孩总是希望被对方当公主养，当初多少人都被上面《河东狮吼》里的那大段台词给秒杀了，你的确可以这样想，但最起码，你总得先问问自己有没有张柏芝那样的姿色吧？

张爱玲在《流言》讲："像我们这样生长在都市文化中的人，总是先看见海的图画，后看见海；先读到爱情小说，后知道爱。我们对于生活的体会往往是第二轮的。"

所以，千万不要在别人的故事和段子里去试图了解爱情，因为匮乏感容易使你深入其中，忘却了真实的自己。

男友力训练笔记

"我都已经做得这么明显了，
为什么非得老让我说'我爱你'这三个字？"

你既然做都做了，又何必省那三个字呢？

任何人都更愿意听到具有建设性的明确建议，

所以，看清状况，
别在一些送分题上模棱两可、含含糊糊。

说"我爱你"这三个字，

在一开始总是难以启齿，
甚至逼得你连尴尬症都犯了，
但是，你应该尝试着把它变成一种习惯，
最起码，从性价比的角度来说，这对你有益无害。

惯着我的人，

才有资格

管着我

01 „

男：我问你件事儿，以后蜜月旅行你最想去哪儿？

女：哦……京都？巴塞罗那？圣托里尼？

男：嗯，都不错。是这样，我用谷歌卫星地图把咱们家的位置定位了一下，得出确切的经纬度，然后把东经换成西经，把北纬换成南纬，这样的话，互补之后，根据这两个经纬度数据，在它们交汇的地方，我们可以推算出在世界另外一端的一个地方。那是我们在这个地球上可以去到的最远的地方，那个地方就是距阿根廷布兰卡港西南150公里处一片湖滩。站在那个点上，我们俩朝东南西北迈出的任何一步，都是回家的一步。

哇塞……这女生不被当场感动到泪目才怪呢。

其实说白了，这种浪漫倒也未必真诚，玩的很可能是老司机的套路，但是，大概没有女生不喜欢听吧。

02 ,,

相比之下，你也想不到一遇到爱情，有些人的智商和情商会触底成什么样?

就拿最常规的约会项目——看电影来说吧。

不走心先生是董董最近相亲认识的一个男生，本来彼此的印象还不错，他约董董周末一起去看电影，董董答应了。结果那天，董董早早提前就到了，而不走心先生就为了多打一会儿游戏，非卡着时间出门，结果却发现车不好打，终于打到车了又好死不死，偏偏遇见了一个对路况不太熟的不靠谱司机。

于是，不走心先生先是打电话问董董电影院所在的商场是在哪条街，终于找到商场了又问董董电影院在几楼，到了楼层又说地形太乱自己找不到，问董董该怎么走。结果，等不走心先生终于出现了，电影也开场好久了。

且不说你应不应该尽早出门，这世界上有种东西叫做"百度"你不知道吗？地点、街道、楼层这些基础信息，只要肯稍微走走心、动动手指，也都能自己查到吧。就是因为这些没任何技术难度的事情，把本来好好的一场约会给搅和得乱七八糟，就只剩添堵了，等女孩一看到你，心情能好才真的是见了鬼了。

女孩心里不乐意，满脸黑线，觉得你这根本就是在诚心添堵嘛，可你觉得自己才委屈呢，出门点儿背怪我咯？而且不就是迟到了一会儿吗，多大个事儿啊！以后注意不就行了吗！

啧！啧！啧！

这回是看电影，下回可能是赶飞机，再然后可能是买样什么东西又买出差错了，你整天都一副智商离线、做事没头脑的样子，每次屁股后面都跟着一大堆的问题搞不定，你在女孩子面前拿什么加分？

谈恋爱也好，过日子也罢，人们都喜欢跟聪明人站在一队的那种感觉。

同样是从来都没有接触过的物件，别人可能摆弄了大半天也弄不明白，人家拿过来，看两眼，三下五除二就全会了；

同样是出门办事，别人可能一天办了一件，人家就能立立整整地给你办妥三件；

同样是开车，别人火急火燎、焦头烂额地被堵在路上的时候，人家已经小绕了一下，选了另一条路到达目的地，早就舒舒服服地吹上空调、点好菜了。

女孩在选男朋友的时候，有人看颜值，有人看家境，也有人看才华，但是有时候，智商和情商甚至比颜值更得人心。

03 ,,

什么样的男生最惹女生讨厌？

第一：小气。

明明再走三站地就有地铁了，何必非要打车呢？

出去吃个饭，五六十块就蛮好了，一两百就没必要了吧？

放假了逛逛公园不是挺好的吗，动不动就想要出省、出国，会不会太夸张？

……

遇到这种做派的男生，真的是分分钟被他气到要原地爆炸。

第二：非正常的脑回路。

良好而又舒服的相处，需要两个人之间的交流能保持在一个频道上，你一言我一语，话根本掉不到地上，而不是根本 Get 不到彼此话里的意思。

你和他说你出去旅游的时候最爱去的地方是当地博物馆，他当你是在说冷笑话；你和他说你最喜欢海子的诗，他当你是在说冷笑话；你和他聊聊自己家的宠物，他还当你是在说冷笑话。

你心里想：搞笑吗？哪里搞笑？你才搞笑，你们全家都搞笑。

第三：太夸张。

有的男生第一次见面就敢问你有没有男朋友，聊过两次天就敢说喜欢你，他恨不得把他的所有兴趣爱好、小时候得过几次三好学生全都说给你听，还非要你也说，简直是一副一见钟情、非卿不娶的架势。

抱歉，您当谈恋爱是看手相啊，也不管它三七二十一，上来就是一句："哎呦喂，您五行缺我啊！"要多离谱就有多离谱。

第四：只管我，不惯我。

我们孤单地来到这个世界，都是希望能找个人对自己好，而不是找个人给自己添堵。

有的男生，喜欢把"我是为你好"这几个字整天挂在嘴边，女生实在是被管烦了、惹急了，终于吼了一句："我好歹也是这么大的人了，早过了需要别人天天像复读机似的对我指点这、指点那的年纪，不想听，也听不进去。我不是孩子，我也真的不会做出什么出格的事，让你相信这点就这么难吗……"

在"管"和"惯"之间掌握好尺度和分寸，绝对是当好男朋友的一项必备技能。

15

男友力训练笔记

其实，生活远远不止一种，没有谁真的离不开谁。

所以，别以为鱼儿离不开你这片水，真的离开，
也可能会游到更宽广的水域。

一个女人对于家的概念需要由
特别强大的安全感和特别多的爱才能建筑起来，

过程不易，所以，珍惜一点儿，总没错。

女孩子谈恋爱，

在乎的不只是你心情好的时候对她有多好，
更重要的是要看你心情差的时候对她有多糟。

任何前任
都不是平白无故
被 out 的

01 „

小满，我姑姑家的孩子。在所有和我平辈的亲戚当中，她是我唯一的一个表妹。

当初表妹出生的时候，姑姑和姑父的年纪都不小了，再加上又有一点儿早产，表妹小的时候身体始终比较瘦弱，所以她父母一直就很宠爱她。考大学的时候，表妹选择的也是临近的省份，因为父母不放心她一人在外那么远。

后来，表妹在大学的时候交了一个男朋友，可是男生的老家跟表妹家隔出了大半个中国去。男生的家里的经济条件其实一般，但表妹家境相对好一些。到后来，原本都准备领证结婚了，表妹突然告诉我说俩人分手了，不结了。

原来，表妹家里和男生商量两件事，希望房子最好还是能买稍微大一点儿的，另外，男方家应该买个好一点儿的钻戒。

男方家就觉得，戒指没必要买带钻的啊，至于房子，双方老人并不会过来同住，也就他们两个人住，没必要买太大的，房贷负担还重。

反正弄得挺不愉快的。后来，男生和我表妹说，钻戒就那么重要？房子大小就那么重要？不然的话，你真的要因为这些事儿跟我分开吗？

表妹回答他：没错，分吧……

02 ,,

开始我还以为小满只是偏脾气上来了在赌气，可是后来我发现并不是，她是认真的。

她跟我说：姐，你知道吗？并不是我一时冲动，我心里明白得很，我压根儿就不是因为我父母的原因才决定和他分手的，我只是忽然才发觉，他根本就没有我想象当中那么爱我。

我承认我父母这边有点儿强势，但是真的谈不上顽固不化、不讲道理，这么多年，他们心里其实早就接受他了。他来我家吃饭，我爸要是看他好像累了或者睡着了，连在厨房剁肉馅儿都蹑手蹑脚的，没一丁点儿动静，等馅儿剁好了，把自己手上都生生给磨了好几个水泡。

有时候，不太明白情况的人和我妈说要给我介绍个男朋友，我妈马上就会说，晚啦，你是不知道，我家姑娘早就有男朋友了，斯斯文文、一米八高的帅小伙儿，可精神了，对她好着呢。

可是，结婚啊，结婚这么大的事儿，两家家长之间既然出现了分歧，他根本不去做他家里的工作，完全认可和坚持他家里的意见，连一句话都没替我沟通过，然后又不肯来和我爸我妈沟通，完全没有积极努力地想别的办法去缓解两边的气氛。

要我说吧，他根本就没有考虑我的处境和感受，就坐等着哪一天我家会做出让步，眼睁睁地看着事情恶化，就算局势再僵、再尴尬也不为所动。

我们在一起也三四年了，我当然知道他父母家里不容易，和他在一起的第一天我就知道，所以我根本就没打算在乎那些形式上的东西。婚戒可以没有钻石，婚纱照可以拍最便宜的那种，房子买得小一点儿也无所谓，连蜜月我都可以不度，这都没什么啊，以后都会好的。但是你说，他竟然在这种时候不顾轻重瞎较什么劲啊！

我最介意的，就是他完全不肯去做任何正面努力的态度，真的让我特别寒心，我接受不了。

03 ,,

你看，很多时候，两个人分开的原因并不像表面上看到的那样。

男生以为是姑娘自己没主见，一旦听父母说点儿什么她就被洗脑了，打退堂鼓了，他以为女方的父母还是嫌他穷酸，家里条件一般，甚至说不定早就托人给她物色了一个条件更好的男朋友。

　　可事实呢?

　　事实就是,当初你拿一颗糖就能哄好的姑娘,日后就算你扛十座金山来都未必换得回来。

　　事实就是,这个社会上真的有一些姑娘会为了面包放弃爱情,但那也仅仅只是某些姑娘而已,千万也别低估了另外一些姑娘的心意,别低估了人家准备和你同甘共苦的决心。

16

男友力训练笔记

把抱怨的话先扔进草稿箱放一夜，

如果第二天早上冷静下来实在还是想发，
那就发吧。
不过基本上，你都是会删掉的。

你暖我就热，你冷我就冰，比你还冰。

如果你敢抱着这样的态度追女生、谈恋爱，
结果很难乐观。

女生的玻璃心、矫情、作，其实还是因为在乎。
如果不在乎，她的心可能就是花岗岩、金刚钻。

所以别嫌烦，
因为没准哪天你就没这个特殊待遇了。

后悔没用，
你得变好

01

最奇葩的分手理由，你听过多少?

她要养狗，我不让，还吵了一架。我说，狗和我，你只能二选一。然后，她选了狗。

我往她的花盆里弹了两次烟灰，她受不了了，分了。

我就说了她一句:你胖了，少吃点儿吧。然后就没有然后了……

你要相信，基本上，任何人决定放弃谁的原因都绝不会那么简单，也并不是突然间爆发的。不信的话，你可以找来镜子看看现在的你，是不是颓而且懒，还懒得心安理得？

你跟人合租着房子，上班迟到早退，该你办的事情能拖就拖，得过且过。你觉得现在交得起房租、打得起游戏、叫得起外卖，这样的日子也就差不多了。

你懒得改变现状，懒得去想那么远的未来，你倒是更愿意去想每天怎么能再多睡一会儿，早上如果没有睡到闹钟响就醒了，你都能觉得自己这一觉睡得不争气，没发挥好。

人家三毛说了，如果有来生，要做一棵树。一半在土里安详，一半在风中飞扬；一半洒落阴凉，一半沐浴阳光。可你的格言就是：如果有来生，要做一床被子，不是在床上，就是在晒太阳。

当然，我相信你是一个好人，你不劈腿、不约炮，情人节、纪念日、生日到了也会记得给女朋友买花送蛋糕，你脾气好，还很善良，特别冷的天看见有个老婆婆为了剩下的一点儿东西还舍不得收摊儿你也会多买几个。

公平一点儿说，你的确对自己的女朋友还不错，可是，姑且抛开你能不能一直对人家这么好下去不论，你就摸着自己的良心讲，一个女孩如果单凭着"他对我还不错"或者"人很老实"这一条就嫁给你，她究竟要冒多大的险？又凭什么？

在爱情这件事情上，女孩往往比男孩更具有冒险精神。你要知道，其实往往老实人真有一天伤起人来恰恰是最狠的，让人猝不及防，而且，这样反转也是最致命的。我是说，因为她当初就只图了"他对我还不错"或者"人很老实"这一个优点，所以，一旦有一天这个基点松动了、塌了、瓦解了，一切就都开始不对劲了，她也就傻眼了，被伤透了，崩溃了。

所以，女孩如果对一个男孩死心塌地，最根本的前提，一定是她真的相信两人是有未来的，她嫁给的是自己在这个男人身上看到的才华、能力、上进心，还有希望。

现在有一些很出色的女孩，她可以挣得比男孩多、她可以赚钱养家、她可以拿冠军，她不会因为这种外人眼中所谓的什么"女强男弱"就想要分手。

女孩之所以会离开一个人，未必是不爱了，更不是嫌贫爱富了，而是她真的失望了，她真的找不到再继续坚持下去的理由了。

02 ,,

其实，很多男生在被分手的时候都挺不解的：她为什么就非要和我闹分手，难道就因为我忘了送她一盒巧克力？就因为我不喜欢狗？多大点儿事啊，至于吗？

你把原因都推给那盒巧克力，可人家巧克力说了：呵呵，这个黑锅我不背。如果你还不明白，还硬要按照原来那么想，这叫什么？这叫"活该你单身"。

实际上，没有哪个女生只是因为一盒巧克力、一束花、一只小狗、一场电影、一支口红，就下决心非要和男朋友分手的，任何的结果都是由很多问题累积出来的。

所以我想，你大概是忘了在这之前，你有多少次就只顾着在网吧打游戏打得起劲，连她胃疼起来疼到哭你就只是让她喝点热水；

你们在一起这么久，你却始终都不知道她根本就不爱吃鸡肉，任何做法的都不行；

她家里漏水或者突然断电，文文弱弱的一个小女生，又联系不到房东，只好壮着胆子开门，让陌生的物业工人进来修理。而你呢？前后打了你一整天电话都找不到人，到最后也没给出一个像样的理由；

又有多少次你和哥们儿在外面喝酒，而她就自己一个人，从车站把又大又重的行李箱折腾到家？

话又说回来，你认为女孩心眼小，又太在乎形式上的东西，整天就愿意计较花啊、糖啊、礼物啊之类的小事。可你瞧，既然连你自己都说了，这些都是小事，那你当时为什么就不能表现得好一点儿？何必让自己的女朋友总是羡慕别人的女朋友？

所以，到底是她无理取闹、她爱作，还是你的情商低？

03 ,,

《大话西游》里，至尊宝声泪俱下地说：

"曾经有一份真诚的爱情摆在我的面前，但是我没有珍惜。等到了失去的时候才后悔莫及，尘世间最痛苦的事莫过于此。如果上天可以给我一个机会再来一次的话，我会对你说三个字"我爱你"。如果非要把这份爱加上一个期限，我希望是一万年！"

这话听着当然深情、感动，但仔细一琢磨，咦？好像不是那么回事儿啊！

很多男生都是这样，在一起的时候不知道珍惜，等分手了才发现不对，怎么想怎么觉得人家好。你后悔了，你对别人说，"如果再给我一次机会，我一定把她留在我身边，你信吗？"

我信啊，可是有用吗？

你早干什么去了？你们谈恋爱都谈了一两年了，你当时怎么就不对人家好一点儿？

有些分手，并非因为其中一方已经变心或者故意叛离，而是在彼此相处的时候，那些从来没有得到过你重视的小细节，把她肯付诸在你身上的耐心和对未来的希望，统统消耗光了。等你想要回头，很遗憾，你已经错失了最好的补救机会。

17

男友力训练笔记

女生的口是心非经常应验的两点是：

○ 她说不想吃饭不是真的不想吃饭；
○ 她说不想出门也不是真的不想出门。

人人都有自己的生活套路，

所以，如果你老爱指手画脚，不讨喜是肯定的。

喜欢谁不喜欢谁，

最好别来什么中间地带、红颜知己，

说不定，那都是你给自己挖的坑。

Bye...

女为悦己者容，
男为悦己者穷

01 ,,

有些事，真的逼得你只能用三个字来形容：活久见。

西西的老公有一个大学同学，此君平时在群里基本不说话，可有一天，他忽然冒出来，没头没脑地来了一句："群里有没有哪位同学，认识懂钻石的人？"

"钻石？哥们儿，你这是要打算买钻戒求婚的节奏啊？"

一见有人搭话茬儿，他就再也刹不住了："你们说，钻石有用吗？""买东西是要好看的还是要有用的？""没钻戒就说明我不爱她吗？""老和别人比较，有意思吗？"

听着听着，大家终于明白了，敢情他是因为钻戒的事儿在和女朋友怄气呢。

刚开始大家还出来说两句："女生嘛，哪有不喜欢钻戒的，戴着 bling bling 的，好看呀""一辈子估计也就买这一个""其实可以挑个大小差不多的，钻戒这东西，也不是只有十几万、上百万的。"

可那男生就像是完全听不进去，后来有人干脆就说："如果不想买，要不，你就和她直说吧。"但他依然在一直碎碎念，"不是我不想买，我就是想不通，说白了，就那么丁点儿大的一颗小石头而已，有意义吗？怎么就那么重要？贵得要死不说，买了又能戴几回？真弄丢了心不心疼？"

如果那个男生真是挣着工资的办公室普通小职员也就罢了，关键他真的不是穷到连煮袋方便面都加不起火腿肠的主，相反，他家里是开装修公司的，条件和富二代可能没办法比，但绝对算是还挺不错的。

后来，大约大半个小时过去了以后，估计实在是看不下去了，一个在群里从来都没冒过泡的男生突然间蹦出来大吼了一句："她喜欢你就给她买就是了，哪来那么多话！"

哇！群里的空气好像立刻就凝固了。

引用西西老公的原话：我隔着屏幕都能看到他无比光辉而又高大的形象！

02 **,,**

这世界上有一种男生，既希望自己的女朋友美得赏心悦目，花起钱来又心疼，然后又觉得自己的女朋友太爱和别的女孩子攀比。

可问题是，这难道不可笑吗？攀比、拜金这些锅，不是你想砸就随便都能往哪个女生头上砸的。谁能做到完全不和任何人比较，你自己能吗？现在你走到哪里没有奢侈品的广告？谁不知道迪奥、路易威登、爱马仕？女生喜欢好东西不是很正常吗？

有人可能会抱怨，我既不是什么富二代，而且大概这一辈子也成不了土豪，永远做不到一时兴起就能带女生这个星期飞去巴厘岛度假、下个月去巴黎挨个名店去扫新款，那我怎么追女生？

我首先觉得你大概是误会了，不是有钱人追起女孩子来更容易，而是有钱人追起视爱情胜过于金钱的女孩子来也很难。

03 „

小川，我同事的发小，有钱人，特有钱的那种。

有人给他介绍了一个女孩，92年的，是从戏剧学院毕业的演员，颜值、情商双高，又洁身自好，反正就是性格、品行、脾气各方面真的都很优秀，而且还是学舞蹈出身——这样的女孩都挺吃苦耐劳的。她拍戏不算多，广告也不多，但年收入应该也比较可观了，基本上，上万块钱的大衣她可以连试都不试，直接报个尺码，然后刷卡、拿货、走人。

结果小川听人一说这些情况就心疼了，他说："唉，这姑娘，赚得不多，自己一个人在外面闯荡，生活应该挺苦的。"

　　噗！听得我一口老血差点儿没喷出来，有人喝杯星巴克都觉得自己钱包被抢了，她上万块钱的大衣说买就买那还叫苦啊？！

　　可小川真不是装，以他的消费水平，他知道迪奥随便一件衬衫都不会低于六千，他也知道香奈儿的新款包包也基本都在两万以上。正常来说，女孩要买衣服、鞋和包，要买香水和化妆品，要和朋友吃两顿好的，还要旅行。所以他觉得女孩子平均月入几万真的赚得并不多，也享受不到什么，真的挺苦的。

　　这两人后来也没成，吃过两顿饭就再也没有下文了。再后来，小川自己认识了一个女孩，在飞机上对人家一见钟情，然后就是一顿猛追，各种砸钱，拉去商场，什么贵送什么。

　　可是还没到一个月，女孩就说要分手，而且很坚决，任小川再怎么挽留都不好使。

　　女孩属于很清秀、很艺术范儿的那种类型，她是专业的大提琴手，每周通常还会去教几节瑜伽课，有绘画功底，网球、滑雪之类的一些运动项目也玩得蛮好，反正，她身上就像是藏着个百宝箱，不一定什么时候就给你露上一小手。至于那些动不动就是五位数的奢侈品，她也会买，但大多数的时候是作为自我奖励，她的收入比一般的小白领当然高出很多，可偶尔还是得过几天"吃土"的日子。

决定分手的时候女孩说："我当初是真的觉得我们可以试着相处下去，可是后来，我也真的觉得我们俩在很多地方其实并不合适，所以，你越送我东西我压力就越大，你付出越多我就越不踏实。"

女孩递给他一个箱子，鞋、项链、包、香水……一件不落，整整齐齐、干干净净地装在里面。

"有些还没拆封，但有些我确实已经用了、穿了，你看，全买新的我可能还赔不起，我只能都还给你，行吗？对不起啊。"

"这些东西你还是拿回去吧，你看，我当初是高高兴兴给你买的，所以你现在就坦坦荡荡收着吧，不用还，更不用赔，这都是你们女孩用的东西，我留着也用不着啊。"

好说歹说，最后姑娘勉为其难，挑了一条手链留下了，但是，自从分开以后就再也没戴过，她真是纯粹就是当个纪念而已。

04 ,,

女孩有一个基本的逻辑就是，肯为我花钱的男人不一定爱我，但是不肯为我花钱的男人，一定不爱我。正所谓"女为悦己者容，男为悦己者穷"。

当然，这话要看怎么说了。

我从来不觉得女孩花男孩的钱就是天经地义，正相反，我一直都很反感一件事，为什么霸道总裁型的人设会那么受偶像剧的青睐，他把卡往女孩子手里一塞，再说句泰语"刷我滴卡"——哇塞！看剧的女孩子们瞬间就不淡定了，觉得这男人怎么就这么会当人家男朋友、这么帅，简直帅到炸！恨不得自己要是那个女主角就好了。

姑娘，请你记住，你自己的能力，比男人的许诺，更比男人兜里的钱可靠多了。

厦门大学的一位博导教授在学生的毕业典礼上，送给所有的女同学们这样一句赠言："一定要在人生的内存，给自己，给至爱的人，留一个百分之一的空间，不随波逐流，哪怕是一个爱称。所以，不要随便叫一个陌生男人'老公'，不管他多么有名，多么有钱。"

这个教授的名字叫邹振东。

经济不能自立，人格尊严就没底气，爱情和自由都得受委屈。

但是话说回来，钻戒人家自己买、车自己买、包自己买，所有的东西她都自己买了，那还要你这个男朋友干什么呢？

我相信一句话——对于一个女生来讲，如果她不黏你、不吃醋、不任性，更不花你一分钱，当然，她也不爱你。

18

男友力训练笔记

要送她礼物，
她说太贵了，
就说明她喜欢。

所以，送。

实在想发火了，

不妨想想：
这是将来我孩子的妈，我得对人家好点儿。

在喜欢的人面前，

你偶尔要试着变成傻子、聋子，还有哑巴。

可能，

初恋就是用来

分手的吧

01 ,,

嫁给初恋，那是怎样一种感觉？

如果你现在特意翻一翻同学录、手机联系人、朋友圈，你能否告诉我，在你所认识的人当中，究竟有几个人，真的和自己的初恋对象结婚了？

其实在这几年，左一部右一部的青春片看下来，觉得拍得最入心的，还是《那些年，我们一起追的女孩》。

我其实很想知道，当看到那句"新婚快乐，我的青春"

的时候，有多少人，脑海里会浮现出某一个人的影子？沈佳宜与柯景腾，他们身上带着的那股倔强和冲动，那股没头脑和孩子气，甚至于初恋时候的那种没来由的拧巴和矫情，是不是像极了当年还爱着对方的你们？

但是没办法，也可能，初恋就是用来分手的吧。

02 ,,

何奔也是小舟的初恋，眼看就要到在一起整整四年的时候，何奔却想分开了。他的理由是：没感觉了，他不确定这是不是他真正想要的生活，没信心再继续走下去了。

小舟没有多说什么。她表明的态度是：首先，我希望你知道，我爱你，很爱很爱，直到今天为止，我完全没有动过要和你分开的念头。但是，我大概一辈子也成不了那种会强拉着人家袖口，哭天抹泪求别走的小女生。我会尊重你的选择，只不过，你可想清楚了，如果分开了，就永远别想有和好的那一天，你不必回头再来找我。

怎么定义"想清楚了"？

我想告诉你，想清楚了，就是以后不管遇到什么事，哪怕你觉得自己当初一定是疯了、着魔了、鬼迷心窍了，哪怕你连肠子都悔青了，你也只能找个四下没人的地方，狠狠抽自己几巴掌，大哭一顿，然后擦擦眼泪，当成什么事情也没发生过。

03 ,,

分开之后，小舟一直都是一个人，没再谈过恋爱。看着她形单影只的身影，大家隐约觉得，她大概还是在等着何奔回头吧。

一年之后，何奔真的来找小舟，求复合。

那时候，小舟正在读研究生，而何奔各方面的状态都很不错，已经被一家挺不错的公司挖去当项目经理，年薪六位数。他回来找到小舟，开口之后就直奔主题："明年等你一毕业，咱们就结婚吧，我养你。或者，咱们马上就结。小舟，我是真的、真的后悔了……"

所以，在得知这件事以后，有人就劝小舟，他现在说回来，估计是真的想明白了，想安定下来好好过日子了，浪子回头金不换嘛。毕竟你们曾经在一起四年，不比再重新认识一个人，不妨就再给何奔一次机会好了。

可结果却是大大出人意料，因为小舟把何奔给一口回绝了，干脆又利落。

她说，生活不是演电影，也不是拍电视剧，男一号、女一号不管是误会、阻挠、分手甚至是离婚，中间再怎么折腾都无所谓，到最后还是会在一起的。可是，"浪子回头""破镜重圆"这些词儿，发生在别人身上也许就是皆大欢喜，正常得很，但在我这儿真的没可能。

不是谁心狠，也不是谁矫情，而是这个世界原本就是这样，很多的人和事，你一旦错过了就是错过了，不是所有人都会在你出去转了一圈之后，依然还在原地眼巴巴地等着你——你明知我那么爱你，我不是没给过你机会，但是很遗憾，你没懂，更没珍惜。

我对你的那些不舍，都在你转身之后生生咽下了；我对你的所有喜欢，也已经换成夜深人静时候的眼泪都流完了。

04 ,,

如果公平一点儿说，何奔并不是那么不可原谅，事实上，他甚至都不算犯错，更谈不上什么"浪子回头""回头是岸"。但问题的关键就是，他成了小舟心里的逃兵。

爱情的作用力从来都是双向的，我始终相信，爱情是每个人最柔弱、最敏感的一块软肋，而一场不完满的爱情就像一瓶酒，喝完之后，谁能不撒些酒疯呢？只不过，有些人的醉态，被你刚巧看到了而已。

不单单是爱情这件事，经历得多了，有一天你会忽而发觉，人越长大，就越来越能够接受"人生多离别"的设定了，甚至开始善于送走形形色色的人和物，友谊的小船翻了也就翻了，失去的东西没有也就算了。

其实，这也未必是你自己在变得冷漠，只是在经历过很多次道别、割舍、抉择、遗失之后，现在的你，对"看惯背影"比"强烈挽留"更加上手了而已。

19

男友力训练笔记

别以为谁遇见谁很容易，

其实，世界很小，城市很大，
当初离开过的人，也许终生都不会再见到。

既然爱了，就爱得走心一点儿。

多给彼此一点儿时间，给对方时间，
就是给自己时间。

爱情不是卖身契，

喜欢不等于永远喜欢，也不等于只喜欢。

所以，试着接受任何结果，敢爱，敢分。

爱情里的口是心非
都是有逻辑的

01

过个生日，有的女生能真把自己的男朋友给作得生无可恋。

阿眉，爱作又常常犯二白羊座，在生日前一周，她男朋友就跟她说："我看大下周一就是你生日了，到时候我周末回北京陪你提前过生日。"他男朋友季小东是做室内设计的，当时正在杭州出差跟进一个项目，预计还有半个多月才能完成。

她一听，当时心里特别高兴，但她嘴上可不是这么说的。

"你别来了，这些天你也挺累的，就别来来回回折腾了，好好歇一歇。不就是个生日嘛，年年都有，这样吧，等你这个项目彻底结束了，你回来给我补上，补个大礼好了。"

季小东说："你真的不想我过去吗？"

阿眉说："真的真的，你不用回来了，太折腾了。"

季小东说："那好吧……"

其实，阿眉明明就希望他能来，她心里想的是"你来陪我吧，我好想你"，一出内心戏早就已经演到了两人见面之后吃大餐、拆礼物、吹蜡烛，甚至最后她送他去机场两人依依惜别的画面了。

阿眉嘴上偏偏告诉他不用来，与此同时她还在幻想着：他才不会听我的呢，搞不好是故意先让我没什么期待，然后等我生日那天他再突然出现在我眼前，给我一个特大号的惊喜。

嗯，电影、电视剧里都是这个套路的，这么多年下来，他总不至于都白看了吧。

02 „

终于，阿眉生日那天到了。

她刚醒，季小东的祝福短信就到了，然后等她到了公司没多久，接着又收到了他事先订好的鲜花礼盒，特别好看。阿眉是不是应该特高兴、特满意？可实际上并没有，因为她幻想着他昨天就该出现在北京，特意来给她庆祝生日，制造惊喜。

季小东给阿眉打电话："亲爱的，收到花了吗？喜欢吗？"

阿眉的情绪很差，说："送人红玫瑰，你的品位好像有点儿俗啊，我其实不太喜欢玫瑰这种味道，整个办公室都是香味，以后你别再送了。"

他依然没生气："俗吗？那好，下回我换别的。还有，我定了蛋糕，你约一约你的闺蜜，晚上你们出去吃一顿好的，我买单。"

阿眉说："行了行了，没别的事儿我就不跟你聊了，我上班了，你也去忙吧。"

就这样，阿眉郁闷地把电话给挂了，尽管周围的同事们都是一脸羡慕，可她却一点儿也不开心，在那一整天里，她开启了无限心塞模式，满脑子想的都是：

这是咱们俩在一起以后我过的第一个生日，你怎么能这么不重视？

谁谁谁的男朋友远在国外都能飞回来亲自给她过生日，你人在杭州怎么就不行？

谈恋爱的时候你都不积极陪我过生日，等以后我真的嫁给你了估计就更没戏了。

瞧见了吗，女生的有些话，你反着听就对了。

03 　**,,**

其实，在爱情这个范畴里，你无法单纯地从其中一方的做法上去判断他是对还是错。如果季小东遇见的不是这种嘴硬、拧巴又有点儿小倔脾气的女生，而是一个不爱较真、心思宽大的女生，她的确觉得晚几天过生日也完全无所谓，那么，季小东这么做，倒也没什么不妥。

又或者，阿眉如果是一个软糯、爱撒娇的萌妹子，她直接告诉季小东她想他了，想让他陪着自己过生日，那季小东应该就妥妥地安排开时间买好票回来了，这件事情的结果也会是另外一种样子。

其实，在口是心非这一点上，不只是女人，人人都一样，有些话骗别人，有些话骗自己。

就像有人说"不是你的问题"这句话的时候，基本上，肯定有你的问题。

有人说"这和你无关"这句话的时候，基本上，就是你的关系。

有人说"我已经放下了"这句话的时候，基本上，他应该还在耿耿于怀。

爱情里的很多雷区都是可以避免的，女人心也并不是什么海底针，毕竟，这世界上没有无缘无故的爱，也没有无缘无故的作。因为爱情里的口是心非，都是有逻辑的。

20

男友力训练笔记

其实，最后陪在女生身边的这个人，
或许不是那么多追求者中最帅、最有钱的，

而是最能和她聊得来的人。

男生可以爱玩、贪玩一点儿，这没什么，
但要把握好一个度，让人家老觉得你不务正业，

像幼儿园大班的小朋友，
可就不好了。

一定要好好策划，
给她一个特别难忘的情人节或者纪念日，
哪怕只有一次就好。

因为日后回忆起来，即便她不介意更不埋怨，
但你自己很可能会后悔。

最大的安全感是

"我不缺"

01 ,,

芝芝看上了一款风衣，还发了个朋友圈，"哎呀呀，真是喜欢！"。

怎么样，你是不是以为，她这摆明了就是特意发给她男朋友看的？

芝芝的确有男朋友，大家平时都叫他杰克。他们两个是那种两小无猜、青梅竹马型的，自打小学就认识了，一直到了大学才不同校，一个北京，一个天津，可分开了以后反而谈起了恋爱。

而且，芝芝这个男朋友疼她那可是出了名的，老觉得芝芝缺这个少那个的，看到自己哥们儿给女朋友买什么新款的物件了就张罗着也给芝芝买买买，为了给芝芝拍张照片他能躺在地上选角度，芝芝早上和他念叨着想吃小龙虾、麻辣锅了，基本上，不出一周他就能带她解馋去。

杰克的家庭出身算是中产，人很勤奋，毕业后自己考进了一家世界五百强公司，待遇还不错。

他和芝芝说："我媳妇儿这么美、这么好，你想买什么我都乐意给你买，现在买不起的，我努力争取早点儿给你买，这辈子买不上，下辈子我还当你老公，接着给你买！媳妇高兴才是最重要的。"

芝芝其实不是一个愿意攀比的人，买东西一向以她自己真的有感觉的款式为主，偶尔买大牌的话基本都是一些不容易过时的经典款，也好搭配。

她也不算什么购物狂，就算是跟杰克闹别扭了她都不会出去各种刷卡泄愤，顶多就是拽着闺蜜吃顿巨辣的火锅，跟闺蜜臭骂他一顿，骂爽了之后再让他过来把单买了。

02 ,,

那天，芝芝发了那条朋友圈不久，电话就响了，不过不是杰克，而是她公司新来的一个男同事，问她在哪儿，非说要来找她，带她去买那件风衣送给她。

芝芝的朋友圈里常常有她和杰克的合照啊、日常小段子啊什么的，两人感情十分稳定，不定期地出来狂虐单身狗，这个男同事应该都知道，而且他其实也有女朋友，芝芝于是就干净利落地回了他一句："不用了，我老公给我买了。"

挂了电话她不禁在心里暗自骂一句：这不神经病嘛，仗着手里有几个闲钱，见谁都想撩，还真以为自己能上天啊！切。

过了几天，朋友就问起芝芝："风衣呢风衣呢？你什么时候穿出来秀一秀啊！"

她说："哎呀，我没买。我一想吧，家里的风衣都有三件了，这颜色的也有，算了，喜欢归喜欢，一见好看的就买哪儿成啊！过过嘴瘾也就行啦！"

瞧，那件衣服买没买还重要吗？太不重要了，重要的是，芝芝的心里真的不缺。

这不缺的第一层意思当然是我有钱，我想买这款表、想买经典的红底鞋的时候我真的买得起。贫贱夫妻百事哀，天天穿地摊货，吃顿路边摊的馄饨就算改善生活了，旧空调早就不制冷了也舍不得换……太穷了的日子过得确实闹心。

而这不缺的第二层意思，对于普通女孩来说可能更加重要，那就是笃定男朋友绝对肯给我买，而不是淘了一件几十块钱的T恤被他骂——你怎么就这么不会过日子呢？

如果女人没有足够的底气，如果她老公没有"你想要的我都想给你买，我恨不得把天上的星星都摘下来给你，甭管多难"的态度，还真不好说，别人拿一件大衣、一块表、一双鞋子能不能把她给撩走了。

很多时候，精神上的滋养比物质上的更重要，否则，鹅肝、松露和鱼子酱也能吃出心寒的味儿，豪宅住着也犹如劣质帐篷，四面透风。

03 ,,

那些老觉得自己女朋友平时太败家的男生，你如果肯好好回忆一下，你身边的这个女孩是真的拜金吗？别乱贴标签，别乱扣帽子。其实，她不是非名牌不买、非高级餐厅不去，她也没说过想去巴厘岛、香港，她身上穿的是一百块钱不到的牛仔裤、六块钱一份的鸡蛋灌饼、五块钱一大盒最便宜的冰淇淋她照样吃得开心了一晚上。

一个普普通通的白领，她的奢望顶多就是买双打折的 UGG 鞋子、买个迈克·科尔斯的经典款包包、买瓶迪奥的香水、买个稍好一点儿的单反相机，她绝对不会动不动就撒娇发嗲地去找老公要爱马仕、香奈儿。她的旅行愿望可能就是丽江、西藏、三亚，了不起想着去趟新马泰、台日韩，还得事先去做好各种既合理又省钱的攻略。她不会撅着小嘴要求你年年带她去欧洲古堡拍大片、夏威夷看日出、伊斯坦布尔坐热气球、伦敦广场喂鸽子。

她只是一个普普通通、认真生活的女生，她不会真的让你为了他去承包鱼塘、承包整个宇宙，她只需要知道，她想要的东西你愿意给，愿意去为此努力。

你想想看，如果男生的月薪是一万加，但他连送女朋友一管睫毛膏都嫌太贵，吃顿麦当劳都要跟你 AA，女朋友不舒服了送她去医院看医生都不打车只坐公交车。

这样的男朋友，不分手难道还留着过情人节吗？

当然，话说回来，如果男生目前的月薪还不到七千，可女朋友非要他送十几二十万的爱马仕铂金包；如果男朋友明明是处在创业最艰苦、最难的阶段，他跟好几个合伙人活得简直就跟苦行僧一样，整天压力山大地想着怎么把每一笔钱都花在刀刃上，但是女生呢？还整天念叨着谁谁谁跟老公去巴厘岛玩了，谁谁谁又给女朋友买了一堆的海蓝之谜，谁谁谁又买最新款的包包了……

这样的女朋友，不分手难道还留着过年吗？

21

男友力训练笔记

别以为除了"I love you"，
女孩子最愿意听到的外语就是句"泰语"：

刷我滴卡。

———

毕竟，"行走的人民币"并不是每个女孩的理想型。

永远别以为自己很懂女生的心思，
因为连女生自己都不是太懂自己。

别指望女生都能相信什么"浪子回头金不换"，

有的人你一旦真的让她伤心了、心碎了，
用多少瓶 502 黏合都不好使。

这绝对不是在开玩笑。

Bye...

不好意思，
我对渣男
过敏

01 ,,

有一种男生，长得是小鲜肉型的，倒是挺讨人喜欢，但就是爱装糊涂，面对女孩发出来的示好信号，不拒绝、不回应、不表态，弄得所有人都不好定义他们之间的关系。

小米的前任就属于这种。

其实，小米就只有过"装糊涂先生"这一个前任，当初小米也不知道是怎么想的，一个理工男之前踏踏实实追了她快大半年，她死扛活扛就是没同意，但是装糊涂先生一出现，她就分分钟陷进去了。

怎么说呢？感觉就像以前无肉不欢的人突然间宣布：从今天起，姐吃素半年。

装糊涂先生的确长得挺帅的，每次去见他的时候，小米都收拾得漂漂亮亮的。为了他，闺蜜周末要约她出来吃饭、美甲、买换季的衣服，她统统给拒绝了。她说她男神这两天要跟她看电影，但他工作忙，时间还不确定，所以她要随时 stand by！

结果呢，小米放了闺蜜鸽子，她男神放了她的鸽子。

就是这样，闺蜜的鸽子她可以说放就放，但男神的时间安排永远不会为她调整，还对她不冷不热。出去吃饭她老是抢着付账，生怕如果晚一步付账装糊涂先生会以为她抠门儿、爱占便宜。

有一次，装糊涂先生刚丢了钱包，心情不太好。小米看了看自己银行卡里的余额，终于还是给爸妈打了个电话，张嘴从家里要来两千块钱，她说自己就快要冻死了，想买件新大衣，然后自己又填了一千多，买了一个新钱包，乐颠颠儿地给装糊涂先生送去了。

可是装糊涂先生似乎没那么开心，他说这礼物应该挺贵的，他不能收。小米也有点儿生气了，她说："买都买了，那你自己看着处理吧。"说完就走了。

回来以后，小米打开电脑，用卡里剩下的钱网购了一箱泡面外加一箱饼干，准备撑到月底发工资。等那箱泡面都快见底了，她依然还没想好怎么解释过年回家没有穿新大衣这件事。

可是，过了没两天，小米就亲眼看见他陪着一个女生在逛街，而且是在内衣卖场遇见的，状态自然，举止亲密。

这下，小米终于彻底清醒了，她不过就是人家的备胎而已，甚至可能连备胎都算不上。

02 ,,

年纪轻轻的时候，我们都曾做过一些傻事，不，是蠢事，而且简直愚蠢至极、脑残至极。但如果仔细一想，小米只是一个二十二岁的女生，二十二岁啊，怎么可能不感情至上？

你大概也曾经像她一样，深深以为自己那叫遇到真爱，那叫感人，叫付出，可是后来你知道了，你不过就是太倒霉，遇上了一个渣男而已。

后来，小米有很长一段时间的状态都挺颓废的，大家找她出来吃饭、唱歌，还说想介绍一个男生给她认识，可是小米说："我暂时不想谈恋爱了，我只想好好赚钱，好好养我爸妈。"

嗯。在爱情里，你可能遇上渣男、可能走眼、可能后悔，但赚钱不同，你努力工作、努力赚钱到什么时候都不会错。毕竟，赚钱这事儿，总比改人心性容易得多。

人有时候很容易被一些美好的话语所蛊惑，当初你听他说你们以后会永远永远在一起，会有一个温馨的房子，有自己的车，会养一只你喜欢的大金毛或者萨摩当宠物，你就立马被感动得不要不要的，恨不得立马扯证结婚过日子，一头就扎到茶米油盐、鸡毛蒜皮里头。

可是后来你知道了，原来，相爱的时候，那个人说过的每句话都像是自带光环，而不爱的时候，他说过的每个字都让自己想笑、想恨、想呵呵。因为你终于明白，这个世界上的人渣不少，至于如何拯救他这个人渣，你还是交给上帝比较好。

03

喜欢谁这件事，基本是这样：

有的喜欢，是你恨不得成天把他挂在嘴上招摇过市，恨不得让每个人都知道。

有的喜欢，是你只肯跟至亲密友分享。

还有的喜欢，是你对谁也不舍得说，每天憋着一点儿小高兴，就像只欢脱的小花栗鼠一样，攒着鼓鼓满腮帮子的坚果仁儿。

其实，"我喜欢你"这四个字，一旦说出口，它就从一道选择题变成了一道证明题，每个人都会有自己的解法，有人用海誓山盟、甜言蜜语证明，有人用名包、名表、钻戒证明，也有人用顶风冒雪给你送来的胃药证明。

于是，在爱情的门里门外，有人运气好，赢得盆满钵满，

小日子山明水秀、其乐无穷，令人垂涎；但也有人运气差，
输得分文不剩，悻悻然铩羽而归。最后，很多人心里都在质
疑，这么多年，我付出过、受伤过、失败过，我还应该相信
爱情吗？我还等得到爱情吗？

　　但如果你真的问我，我想，我的答案只能是"宁缺毋滥"。
没错，这四个字似乎很老旧，甚至非常非常老土，但这真的就
是我想说的话。

22

男友力训练笔记

女生如果真想知道点儿什么，
个个都是当柯南的料，观察力技能满点。

所以，别高估了自己的圆谎的本事和蹩脚的演技，
你累，她也累。

记住，世界上根本就没有不吃醋的女生，

所以，注意保持好和其他女生的距离，
不管她再怎么强调她不介意，别信。

优雅的刺猬和需要人保护的小白兔，
聪明的女人大都想当前者。

所以，被扎几下很正常。

你都对了

又能怎样

01

谈恋爱的时候，最招女生讨厌的一句话是什么？

"你有完没完？"

"你又怎么了？"

"你爱信不信。"

"哦。"

这可能都不算什么，最招人讨厌的一句话就是"你要真这么想，我也没办法"，如果再配上一副生无可恋的表情，嗯，我估计再小的事情也可能都没完了。

记得曾经有一次，晚上加完班出来上了地铁，坐在我旁边的是一对情侣，还谈不上吵架，但是听得出来，两个人都在尽量控制自己的情绪和音量。

男：真的没有，完全没有的事儿，你闹了三四天了还没够啊？

女：我不管，谁让你对前女友没死心了！

男：我说我的娘娘啊，我真没有啊！

女：你就狡辩吧，你们男人哪个不这样？

男：行行行，你继续活在自己脑洞里吧，你真一定要这么想，那我也没办法。

女：看吧看吧，心虚了吧？！我跟你说，这事儿没完。

男：……

就在那一瞬间，我忽然觉得自己仿佛有点儿恍惚。原来，在这座城市中大家都忙，有人忙着自拍、美颜、发朋友圈，有人忙着忘掉前任，有人忙着抢两张苏打绿演唱会的门票，有人忙着面试、加班、出差、考试，但其实更多的人都在忙着解释：

忙着跟女朋友解释自己为什么纪念日忘了送花，忙着跟领导解释为什么这次的报表出现了疏漏，忙着跟朋友解释为什么会迟到，忙着跟老婆解释为什么他会留他哥们儿的女朋友的闺蜜的电话，忙着跟父母解释为什么这次过节可能就不回家了。

诸如此类。

02 „

无论男女，在年轻的时候最容易做的事，一是爱解释，二是很爱解释，三是太爱解释。

可是说到底，除了生老病死，人生还能有什么大事？所以，你解释、你死磕、你较真儿，这未必不对，但却未必事事非要如此。

成年人和小孩子最重要的不同，就是成年人更加懂得取舍，也更懂得分寸，不会动不动就因为芝麻绿豆大的小事就和急着别人争论、冷战、撇清，或者非要掰扯出对错、求一个解释，他已经明白什么时候应该选择沉默，什么时候应该解释、怎样解释，他已经明白如何证明自己，进退得宜。

这个世界上，很多事情其实就是悖论、就是死循环，是解释不通的，而真相对于每个人的意义也并不一样。所以在很多时候，最关键的问题也许不是错在谁，而是如何让事情有一个最合适、最体面的结果。毕竟，你是在生活，不是在审案子。

当然，这并不是说对错根本就不重要，往往是，处理对与错的情商和办法决定了最后是双赢还是双输。

03 ,,

肖阳的女朋友小玉每隔一段时间就喜欢把家里的家具变换个新位置，搞得他回家还以为自己进了别人家的门，等好不容易适应了新的格局，小玉就又开始换了。有一次肖阳实在忍不住了就跟她抗议，结果没压住火，两个人大吵了一架，掰了。

其实依我看，这件事也可以有另外一种结果。

假如肖阳跟小玉说："亲爱的，我听同事说，如果家具老这样变来变去，家里的风水会被破坏的。"尽管她其实不太相信这一套说法，但可能真的很少再改动了。

当然，小玉也可能说："我不管什么风水不风水的，可能你说的对，但是我就愿意这样。"如果真的是这样，再加上肖阳又是个爱碎碎念的人，这日子可就难过了。

迁就是互相的，不是单方面无条件的迁就，就像喜欢是两个人的事情一样。所以，很多事情当你翻回头来再想，其实就是三个字——何必呢。

小玉何必非要整天折腾那几件家具？而肖阳又何必非要碎碎念？可能再过一个月，小玉自己就觉得家具的确没必要老换来换去的，这事真挺没意思的。

其实，家具怎么摆，牙膏是从下往上一点一点挤空，还是每次都乱挤一通；扒香蕉皮是从柄的位置开始开还是从顶部开始；做菜该放几勺酱油多少克盐……

生活里很多这样的事本身就难论对错，也涉及不到大是大非的原则性问题，就算是你对，你都对，你占了一万个理，但是光图一时口舌之快却让对方寒了心，你对了又能怎样？

两个人的感情，可比家具、牙膏什么的重要得多了。

23

男友力训练笔记

一切的碎碎念都是一根刺、一把刀，

它扎在对方身上，

到头来，吃苦头的其实还是你自己。

别老奔着完美去要求对方，

在这个世界上，
完美的爱情从来就没有落地过。

女生的面子，同样也是面子。

切记！

真爱我的人，

不会一直忙

01

　　星期天我还没起床，小敏的电话就打过来了："她俩分
手了！"

　　"这一大早的，谁俩啊？"

　　"于儿和她男神啊！"

　　"我说大姐，人家闹分手你这么兴奋干什么？不知道的
还以为你一直在觊觎人家男朋友，这回好下手了呢。"

　　"去去去！才不是。"

我当然知道不是，因为我和小敏都觉得，这结果是迟早的事儿。

02 ""

通常，于儿和她男神之间的交流过程是这样的。

"下班有事儿吗，小敏和她男朋友想约咱们一起去吃饭。吃完了饭咱俩看电影去。我跟你说，这两天新上了一个喜剧片，我特想看。"

"好。"

"我有个学姐马上就要结婚了，这两件裙子都是我上个月在网上买的，颜色一个深一个浅，你快帮我看看，我穿哪件合适？"

"都可以。"

"昨天我很晚才睡着，不知道是不是白天的咖啡喝多了，今天我打算早点睡。我最近好像老是这样，睡眠不太好，你呢？"

"我还好。"

"周末咱们俩去爬山吧，我上次去还是好几年前的事儿了，听刚去过的同事说，现在正赶上红叶最好看的时候，我们带单反去。"

"不行，我加班。"

其实我都不用管具体的内容是什么，因为光是那画面就已经足够说明问题了：右边是她发给他的一大串一大串的文字，左边的回复却是冷冷清清，空空荡荡——"行""好""在忙"，再不然就只回一个"嗯"。依我看，这根本就不是情侣之间会有的状态。

小敏和她说："我敢跟你打赌，就赌他下一条回复你的信息肯定不会超过三个字。我也敢跟你打赌，就连他收到他们小区物业管理员发给他的缴费信息都不会回复得这么短，这么敷衍。"

当然，遇见这种态度不冷不热的人，有人可以傻傻地替对方解释，说他不爱打字、他不爱聊微信、他忙、他怕别人说他重色轻友。可其实呢？

我就是想问一问，他是不会汉语拼音输入法，还是得过什么小儿麻痹症手指僵硬？他可能明明就在他家的沙发上葛优瘫，划着手机刷微博，在明星们的各种八卦和花边新闻里边闲晃，什么屁事也没有，但就是懒得多回你一个字。

你说他忙，拜托，谁不忙？是国家领导人不忙还是扎克伯格不忙？可人家扎克伯格不是照样谈恋爱结婚当奶爸了吗？贝克汉姆到现在也还是万人迷，可人家连孩子都四个了。这世界没有不忙的人，只不过，要看你把什么看得更重要。

至于说到重色轻友，那就更是没逻辑。如果他从来、压根、完全、一丁点儿都没有"重色轻友""有异性没人性"的表现，基本上这恋爱你不谈也罢，原因很简单——你遇见渣男了呗。

我想，女孩迟早会明白一点——真爱我的人，不会一直忙。

那个人对你不咸不淡，你讲了一大堆，他就几个字几个字地打发你，无非就是不够喜欢，说得难听点儿，人家那是在培养备胎。

真的是有这样的男生，他的态度是，大家都是成年人，反正我目前也没遇到合心意的，既然你这么喜欢我，对我这么殷勤、这么好，那我就暂时和你暧昧着呗，不过就是花点儿小钱，偶尔请你这个"二十四孝备胎"吃吃饭、看看电影而已，我又不会损失什么，何乐而不为？万一遇见了我特别心动的、特别想追的女生，再张嘴和你说一句"我觉得，你还是当我妹妹吧。"

所以，他昨天没空给你打电话、今天没空和你约会、后天也会没空陪你见家长，以后也会没空跟你领证。

对于那些忙着爱认干妹妹的人，要不，你还是赶紧把他拉黑吧。

03 ,,

那么反过来，有空陪你的男生是什么样的？

男生 A 要去布拉格出差，还提前给女朋友定了机票，就为了带她去拍一组情侣写真。他知道她特别特别喜欢那个城市，他们一起看过一个在布拉格取景拍摄的电影，看完了以后她一直在感叹，布拉格的光线真的美到不行。

男生 B 在邻市做项目，接到电话，女朋友哭着跟他说她养了五年多的小猫丢了，他当天晚上开了快两个小时的车回来，终于帮她找到了猫，安抚好她了，他又开车往回赶。

男生 C 早上五点在公司结束了越洋时差视频会议，按照惯例，他本来可以在邻近的酒店休息一上午，可他还是回到自己家，轻手轻脚地做好早餐，等老婆起床洗漱好以后一起吃完——他知道她这两天身体不舒服，情绪不太好。

其实，我们都应该明白一个道理，那个不愿意回应你的人，也不会在你真的需要他的时候及时出现的。

24

男友力训练笔记

如果你真的不喜欢，还是别去招惹人家吧。

不给人家多余的希望，也算是一种基本的尊重。

醋坛子这种东西，

你让她心里打翻了多少，
你就要花多少代价和精力去中和。

还是少招惹为妙。

在女生情绪特别不好的时候，
别只会说"没事的，一切都会过去的"，

你可以试试"我请好了年假，你想去哪走走？"

女汉子只是表象，
少女心才是重点

01 „

"本硕连读，硕士毕业的时候，爸爸出差，顺路过来看我，正赶上我要搬家。在帮我搬行李的时候，我真真切切地看到了他有好多白头发。当时突然好难过，头一次那么恨自己这几年为什么没好好找个男朋友，就知道坑爹……"

看到这段话的时候，我几乎看着屏幕笑出声来了，哈哈哈，这女生好可爱啊！

我甚至忍不住在心里推测，这应该是女汉子型的女生吧。没有男朋友的她即将开始毕业之后全新的生活，她会在新的环境建立起自己的秩序，安排好自己的日子，她会出现在早晚高峰拥挤的地铁人流里，会乐呵呵地改好快递的收货地址，会收拾出干干净净的厨房，没事了就煲煲汤、烤烤饼干。她会办好健身中心的会员卡，也会看着自己银行卡上的数字一点一点慢慢增长，幸福地为"新年回家给家里人都买点儿什么好呢"伤着脑细胞。

我希望，她永远都不让自己觉得孤独。

02 🕮

我很想问你一个问题：

孤身一人的晚上，你在上网的时候，能坚持多久不开声音？美剧、综艺节目、访谈、英文演讲、电影、刚下载的歌……随便什么声音都好，你并不需要看画面，就只想身边有个动静，不至于觉得太过孤独。

什么是孤独？

林语堂老先生可说了，孤独这两个字拆开来看，有孩童，有瓜果，有小犬，有蝴蝶，足以撑起一个盛夏傍晚的巷子口，人情味十足。稚子擎瓜柳棚下，细犬逐蝶窄巷中，人间繁华多笑语，惟我空余两鬓风。——孩童水果猫狗飞蝶当然热闹，可都和你无关。这就叫"孤独"。

孤单，是门外车马喧嚣，你打开门，走出去，却没有一个肯停下来人。

孤独，是门外熙熙攘攘，你走过去，默默把门关上。

你习惯了去同一家理发店找同一个发型师，去同一家电影院看电影，去同一条街的同一家商场的同几家店。

楼下有一家餐馆客流不多，你喜欢，直到实在是吃腻了，你开始试着自己做，结论就是你也不知道好不好吃——每个人最不善于评价的就是自己。

周末的下午，你喂了喂小区院子里那只怀孕的流浪小野猫，它没走，你就那么一直安安静静地陪它呆着，竟然陪了好久，好久，像是一对坐在公园长椅上的老夫老妻。

下班一进家门，就像条件反射一样先打开电视，其实根本不会在意里面在播些什么。

"您好，来一份牛肉面，谢谢。"这是情人节那天你说过的唯一一句话。

忘了是自己的生日，收到的第一个祝福短信居然是来自于银行。

最可怕的是，这样的生活其实正在日复一日地重复着，而你也无从知晓这样的日子还将持续多久。

你希望，或者说你隐约觉得，这世界上应该有另一个人，会成为你的联盟，但他就是要你等，就是不出现。

等来等去，你发现，咦，自己是不是成了别人眼中的那种"女汉子"？

03 ,,

女汉子其实是我比较不能赞同的一种叫法，而很可恶的就是，一听说现在的女孩子们挺喜欢自诩为"女汉子"，有些男生就觉得终于找到了一个合适的借口，自己其实不用那么绅士周到似乎也可以，拎箱子、修马桶、搬家、换水管、冬天大半夜自己一个人去医院输液……反正她够坚强，自己都能搞定啊，男女平等嘛。

我想提醒的就是，男生如果打从心眼里认同某个女生就是个女汉子，这就相当于你在跟一个24K纯直男说"你就是个娘炮"，性质是一样的。

当一份爱情真正打动一个女人的时候，哪怕她再好强、再强势，也会恍然一瞬觉得，她真的可以不用征服世界，不用冲锋陷阵，不用功成名就，不用腰缠万贯也能感觉到幸福和满足，她甚至有一点儿失去了雄心壮志，但却反而觉得，嗯，这样也不赖。

其实在这儿，与爱情和女汉子都无关，我挺想说一说张曼玉的。

2014年，张曼玉出现在了北京草莓音乐节上，然而因为她屡次破音、走调，遭到了现场观众的嘘声以及网络上铺天盖地的炮轰："一个五十多岁的老女人了，为什么就不能安安份份地好好演戏，瞎折腾什么啊，人老珠黄还非出来丢自己的脸。"

对此，张曼玉后来在开场前自嘲："我昨天用拼音在百度查怎样在草莓音乐节唱歌不走调，查很久也没查到，所以今天只能继续走调。我还要澄清一个事情，我今天是四十九岁七个月零三天，而不是五十多岁。我从小有个梦想就是要唱歌，我演电影演了二十多次还被说成花瓶，唱歌也请给我二十次机会，我会一直努力。"

可能很多人都会想，拜托，人家可是张曼玉啊！一路当了这么多年女神、影后的她缺少什么？金钱、名利、爱情，还是跑车、豪宅、名牌包？多少男人站在像她这样人生开了挂一样的女人面前都会觉得心虚汗颜吧，在这世界上还有什么能让她在意、能伤害到她吗？

实际上，那番话虽然在当时为她赢得了很多喝彩，但是那次的经历还是令她深受打击。据说很久很久之后，有朋友在香港和她聊起音乐节的事，还没说几句她就忍不住哭了。

张曼玉式的成功女人都尚且如此，广大普普通通的女生就更无须多说了吧。

谁都不是铜铸铁打的，刀枪不入，所以，别把女生的内心想得太强大，别把女生真当成女汉子，就算你真这么想过，你也要弄明白一点：每一个女汉子其实都有一颗少女心，希望被疼爱，被捧在手心，希望有一个人能始终愿意小心地护住她的孩子气。

从孤身一人到谈情说爱再到婚姻，所有人这一路都是奔着"幸福"两个字去的，可是后来呢？

钱钟书先生曾经说过的一句话想必你早已听过："围墙里的人想出去，墙外的人想进来。"可后来如何了钱先生还是没说。不过我觉得萧伯纳有一句挺毒舌的话似乎回答过了："想结婚的就去结婚，想单身的就维持单身，反正到最后你们都要后悔的。"

25

男友力训练笔记

不管是彪悍的 女汉子 还是傲娇的 小公主，

其实都只是表象，
你要做的就是对她好，且只对她好。

女生都希望自己的男朋友是

"宇宙爱老婆协会"的白金卡会员，

而且是终生制的那种。

女生说没事，你就真的以为没事儿了？
天真……基本上，没事儿就是有事儿，

就是不开心，
就是你有必要立刻飞奔到人家面前了。

像我们这种
好看的女生，
都贵

01 „„

　　都说婆婆和儿媳妇是天敌，其实也不尽然，我来跟你讲一个满满都是正能量的故事。

　　一个男生，有一次陪他妈妈出门买东西，在排队付款的时候，前面是一个特别好看的女人，估计不上来她的年纪有没有到四十岁，但身姿挺拔，衣着得体，妆画得很精致，总之就是范儿特别正，正到连女人都忍不住想多看她几眼。

　　等他们付完款，他妈妈就悄悄和他说，"你看见没，女人一旦上了点儿年纪，过得好不好，就全都写在脸上了。以后啊，可别让小蕾变成黄脸婆。"

在他妈妈看来，一个女人，如果她在四五十岁的时候依然能出现在香奈儿的专柜前给自己买口红，那才说明她真的没有嫁错人。

没有女人不想自己整天美美哒，美到"追我的人从天安门排到凯旋门"的那一种。但是，你要知道，任何一样东西，它能给你带来满足感和它的价格一定是成正比的。你看看大街上，但凡是入眼、出挑一点儿的女孩，衣服、鞋子、包……哪一样都不会太便宜，她家里的化妆台上一定是瓶瓶罐罐摆得满满当当，平时做 Spa、泡健身房、练瑜伽、期期买《Vogue》，她晚上一定会好好洗脸，会乖乖敷面膜，会仔仔细细抹好精华、眼霜、晚霜。

这样的女人，她是在生活。

我可以告诉你，真正的美，背后其实是精致以及自律。相反的，化妆台上就只有一瓶乳液的人，晚上大概常常是连脸都懒得好好洗，面膜就更不必说了，基本上，每天顶着一张油光满面的脸倒头就睡了。

这样的女人，她只是在生存。

反正，我这么说吧：好看的女人呐，都贵。

都说现在是一个"颜值即是正义"的年代，颜值一高，加分是肯定的，想想看，金城武多看了你一眼你不会心跳加速？米兰达·可儿和你打声招呼你不会脸上发热？然而，这句话虽然有它的道理，但还不是真理。

真正的好看、美、漂亮的女生会让男生觉得：在没遇见你之前我觉得很多女孩都很漂亮，但遇见你之后才发现，她们就仅仅是漂亮。

02 ,,

一个女孩子，正是如花似玉的好年纪，手里总得有几件像样一点儿的名牌"防身"吧。有几件像样的东西，那是为自己守住品位。

某男生的女朋友追问他，别人家的男女朋友会因为花钱吵架，我们为什么从来都没有过？他的回答堪称经典：

这有什么可吵的，我可是学经济的，物美价廉这种情况压根儿就不存在。好的东西只有一个缺点，那就是贵，剩下的就全都是优点；便宜的东西只有一个优点，那就是便宜，其他的就全都是缺点。很多优点对一个优点，你说，该选哪个？

基本上，贵的东西买的时候你会心疼，但买完了之后你很少后悔，而便宜的东西就恰恰相反。所以，我倒是宁愿你拿可以买几件淘宝款的钱，去买一件真正品牌的东西，不会错的。

你可能会想，那是因为这男生的家境大概至少也是个中产他才会这么说，他要真是个实打实、苦哈哈的草根，你看他还会不会这么说。

我这么和你解释吧，我见过连一个手机壳都舍不得给女朋友买的富二代，但也见过自己穿几十块钱的旧款 T 恤，给女朋友买了一件上万块大衣的 IT 男。

如果大衣太贵，那我们还来说说口红好了。

有的男生很有钱，他会觉得，为什么老爱说女生败家啊？也不是啊，多买几支口红而已，也花不了多少钱啊。可是也有的男生，就算他再有钱，他依然会觉得，口红的话，三四支不就足够用了吗？这个没用完又要买新的，这不是败家又是什么啊？女人的钱，果然最好骗。

你知道吗？女生对口红的热爱，真的是男生想象不到的。我完全可以告诉你，就算她是个在职场里叱咤风云、上百万的合同签起来都不带手软的女强人，一旦和闺蜜在电话里或者在化妆品的柜台前研究起口红来，也可能瞬间就变回那个喊喊喳喳的小女孩。

我曾经很八卦地问过我一个亲戚他为什么决定跟女朋友分手，他给我的回答就是：我好像从来没看她用过口红、香水，很少化妆，谈恋爱的时候都不爱美，以后的日子，我觉得也挺难想象的。

也许，这才是真正聪明的男生吧。

03 ,,

虽然谈钱谈了这么多，可别忘了，爱情迟早有一天还是要落地，它终归是奔着柴米油盐、鸡毛蒜皮去的。所以，对于很多姑娘来说，长得帅的、有钱的，最后也许都会输给对她好的。而爱情里最平凡、最幸运的模样，大概就是一个吃到了一包糖炒栗子就能开心大半天的女生，遇到了一个她冲他笑一下，他就敢撸起袖子跟这见鬼的生活拼命的男生吧。

上学时，听她说想吃串糖葫芦，他就翻墙出去给她买了回来，结果这个倒霉蛋儿被教务主任逮个正着，最后还写了他生平的第一份检讨；

他想给她换部新手机，然后就顶着八月份的酷暑去打工，每天拖着疲惫的步子往回走，可心里却是美滋滋、乐颠颠儿的；

他不想让她一个人跨年，怕她觉得很孤单、冷清、胡思乱想，就买了很多她爱吃的东西，坐了八九个小时的火车，终于赶在半夜12点之前见到了她，和她一切迎接新年。

在女孩的心里，这些曾经感动她的事，她一辈子都会记得。

26

男友力训练笔记

想追女孩，总得拿出足够的诚意来，
你甚至要有充分的思想准备去做到三点：

一是坚持，二是不要脸，三是坚持不要脸。

✔ 尽量不要跟她在电话里吵架；
✔ 不要发微信撂狠话；
✔ 有什么问题试着面对面地说。
　　也许当她看见你说某句话时的表情，
　　也许当你给她一个拥抱，
　　她就不忍心再那样发火了。

很多时候，
女生的火气来得快去得也快，

别火上浇油。

女人

都是死扛界一姐

01 ,,

在我所认识的人当中，小美绝对是最常犯迷糊的一个。

在我们俩相识的这些年里，我知道，她的人生里几乎充满了各种辉煌的战绩——买错票、搭错车、下错站、误机、带错证件、遗失物品、穿反衣服、吃坏肚子、煮粥煮成了米饭。

总之，一有她在的时候，常常会自带各种各样的"状况外"。

就讲讲小美最经典的一个故事吧。

有一次，小美知道我当时常常都在云南出差，又正好赶上她开始休年假，就说想过来见见面，还能顺道玩两天。她很喜欢云南，以前也来过，但行程比较匆忙，没玩过瘾，所以就一直惦记着还想再去一次。我说那好啊，我帮你订机票，到时候去接你。她拍着胸脯跟我保证说不用不用，反正以前也不是没去过，她自己就能搞定。

我一想，也好，那我就安心等着接驾呗。然后，把酒店的名字和地址都发给她，我就接着忙我的事儿去了。

当天，在上飞机前她还和我夸口说一切都超级顺利，叫我做好晚上请她吃大餐的准备。结果落地以后，我就接到了她从机场打来的求救电话，说是出租车司机告诉她压根儿就没有这酒店！

我心想这不可能啊？又和她好一顿确认，弄到最后，我终于得到了一个我完全没办法想象的答案——这回，她没买错机票、没去错机场也没误机，只不过，她老人家飞错城市了！

Oh！my！god！

原来在她的记忆和印象里，我一去云南就肯定是到大理出差，可事实上，我在之前的一段时间里的确是常常去大理，但是那几天不同，我人在昆明呀，原先在闲聊的时候我绝对告诉过她，但这姑娘却给忘了，还忘了个干干净净……

我不禁扪心自问：服吗？

嗯，大写加粗的服。

02 ,,

"小美"其实是我们起给她的昵称，因为她确实挺漂亮啊，眼睛特大，开玩笑的时候常说她"瞧这妹子，光是眼睛就占了全脸面积的一大半儿"。我常常觉得，她的眼神特别像无辜的小梅花鹿一样，很干净，透着光亮，几乎藏不住任何的秘密和情绪。

虽说总是有本事制造出一个个让人啼笑皆非的乌龙，一再刷新我们对于"不靠谱""犯二"和"神转折"的认知底线，但这却毫不妨碍她真的是个可爱的好姑娘。

每次聚会如果有她在场的时候，气氛总是会很好，也恰恰是她让我知道，原来有的时候，听别人讲述电影情节，有可能比自己去找来看更加精彩。而且，一般来说，像小美这样粗线条性格的人，如果真的细心起来，可能比处女座都吓人。

有一次，小美去了趟西班牙，然后，她为私交很好的朋友们带回了大礼——纪念款的巴萨队球衣。当时在巴塞罗那，她特别有耐心，一遍遍地帮每个人确认想要的号码、颜色以及合适的尺码。可是，就在她自己洋洋得意，拿到礼物的人也都感觉她这回终于打了个漂亮的翻身仗的时候，神转折再次出现了。

等到回国之后，小美才发现一个很严重的问题：咦，别人的全都买对了，可是到最后，怎么就剩我自己没有球衣？

一拍脑门，哎呀呀，竟然唯独把给自己的那件忘买了……

然后，她发了一条朋友圈，内容言简意赅又深刻到位，就只有两个字——蠢哭。

03 ,,

小美的人缘超好，她的生命当中似乎总是有种自带的幽默感，其实，小美也不是总是这么逗趣的，即使再乐观豁达的人也一样。关于这一点，你不妨看一看，那些擅于创作喜剧片的演员，在真实的生活中几乎完全都是另外的一种状态。

其实，小美不是没有吃过苦的人，当年，她自己一个人在美国念的大学，靠着奖学金、打一些校园岗位零工和省吃俭用完成了学业。

我曾经看到过小美的一张照片，那是她在国外念书的时候同学给她拍的。照片里的她站在公交车站里，斜靠在旁边的立柱上打着瞌睡，她身上穿的外套是从一家二手店里面淘来的，花了不到9美元，她穿了三年多，一直到毕业回国。

那件衣服的面料本身就不厚，穿到后来，手肘的位置已经被磨得很薄很薄了，袖口被磨破了几好处，边上开着小白花，整件衣服的颜色也洗得有些发白了，但好在是牛仔款，旧一点儿反倒没多大关系。不过，最后离开的时候觉得实在还是太旧了，就没有带走。

小美说，你知道吗？后来这么多年，我竟然再也买不到那么合适、那么舒服的外套了，真后悔没把它给带回来。

我知道，小美真正在怀念的，其实是那段时光。她曾经说过，到目前为止，那应该是她人生当中，心最静的一段时光，一心一意地上课、写好论文、完成学业，简单而充实，心无旁骛。哪怕生活有一些捉襟见肘，但是内心却像是有一束光在前面照着、指引着，整个人的状态很踏实，很有奔头儿。

人在每每回想当年的时候，不管经历过什么，大都会变得很云淡风轻。

然而，那样的日子，终究是再也回不去了。

04 ,,

其实呢，小美在我手机里的备注是"死扛界一姐"，因为她经历的一些事，甚至包括亲人病重、故去，事情越大，她身边的朋友通常越是后知后觉，等她全都处理好了，也赶上了合适的场合和机会，她才会淡淡地和我们说一说。

小美就是这样一个人，不太会给别人增加压力，也不习惯让自己不好的情绪影响到别人。和她这样的人做朋友，有时候你的确会挺心疼她的。可是用她的话说："你看，我经历的事、吃过的苦，其实很多人都有过，所以，真的没有必要去多抱怨什么。该你扛的事，你就得站直了，扛下来。你自己选的路，就一定要负责到底，谁都没什么特别。"

小美在感情上算是属于理智型的，我甚至觉得，她是那种即便是分手了都不会想找人号啕大哭一场的人，她大概只是悠悠地说："唉，那不然呢？第二天不是还得上班吗……"

一个人真正经历过什么，只有自己才知道，我们谁都不能永远幸运，永远不去与那些风风雨雨过招。而一个人真正的力量，就是因为她相信未来一定很好，即使过去和现在有再多的沟沟坎坎，等你一个一个迈过去了，也就好了。

27

男友力训练笔记

对于女生来说：

颜值高的人犯些低情商的错误，
那叫既可气又可爱。

但如果换成颜值低的人，就只有可气。

追女生三部曲：

○ 首先让她注意到你的优点；
○ 接下来就是不能太黏着对方；
○ 然后最关键的是要让她习惯身边有你在。

很多女生都是说炸就炸、嘴硬心软，
说句重话结果弄得自己心里比对方还难过。

她在气头上说的话，别老耿耿于怀。

本姑娘这么努力，

就是为了

不必嫁给像你这样的人

01 ,,

微信这种东西，还真的挺让人又爱又恨的。有的时候，它给了你一个无比便利的沟通手段，可是有的时候，很多的烦扰也同样是它带来的。

某一天，周翰忽然就被某位同学拉进了一个高中同学群，突如其来，就这样出现，没有一点点预备。

然后，接下来的几天里，群里面变得尤其热闹，同桌相认的、揭老底吐槽的、放大招爆猛料的、大搞"旧照片回忆杀"的……消息一刷，动不动就是几百上千条。他滑着屏幕爬着楼，当年的很多画面本来都忘记了，却好像忽然间在他的脑海里又开始复活了。

想当初，大家都是青春年少，十七八岁的大好年纪，曾经坐在同一间教室里，你看过他被英语老师点名罚写 N 遍单词，他记得你设计过花花绿绿的黑板报；她借过你的物理笔记，你抄过她的数学作业……几十个人，几十张天真又青涩的脸庞，真的是朝夕相对、并肩"战斗"过，虽说如今已是天南地北，回头想想，还是觉得挺美好的。

02 **,,**

其实在这个群里，最活跃的人几乎永远都是少数的几个人，更多的人都是设个"消息免打扰"，然后潜水，很少说话，就只想好好当个吃瓜群众，安安静静地看着别的同学在上面大侃特侃，而周翰就是这拨人当中的一个。

就在那几天，三三两两，会有群里的某某同学申请和周翰互相加为好友，他心里就在想，偶尔聊一聊，点点赞，当然无妨啊，所以，他没迟疑，马上就按了"接受"。

于是，他收到了那句——"你已添加对方为你的好友，现在你们可以开始聊天啦"。

在这之后，有一些是直接没了下文的，当初的同窗之谊默契地变成了此后朋友圈里的点赞之交。嗯，也好，反正总比大家一直失联要好吧。当然，还有一些人，他会发过来一个笑脸的小表情，意思很明显，想再和你多寒暄几句。

基本上，一开始也还好，可是，一旦聊到某一方挺不想聊的话题，那就开始尴尬了。就比如，对方可能直接就问了："你老婆呢，是做什么的？"

他叹口气，想了想，悻悻地发了一句："哦，没有没有，我还单儿着呢。"然后又发了"嘿嘿"两个字，就当是解嘲了。

对方大概也觉得有些尴尬，良久之后，回复："其实，一个人也挺好，自由又省心。"

周翰以为这场对话差不多可以了，刚想找个适当的表情当 ending，结果对方追来一句："也别太挑了，差不多就行了，真的。期待你分享好消息哦。"

就像谁家还没几个爱操心、热心肠的亲戚大妈一样，面对屏幕上的这行字，他倒也是颇为郁闷。他知道人家也是基于礼貌性的关心，但就是让他一下子想起了上学时候老师说的那句"就差你没交作业了啊"。

　　周翰自认为是属于那种敏感细胞不太多的人，而且听得遍数多了，也以为自己应该已经免疫了，但是一旦看到这样的话，难免还是心里挺无奈的。他挺想说，真不是我挑剔，我只是真的没有遇到我喜欢的而已。

　　其实，大概很多像他一样的人也都弄不明白，自己心地善良，人品不赖，工作也还算努力认真，可为什么就是迟迟遇不到合适的人呢？丘比特和月老他们怎么就那么忙呢？

03 ,,

　　在追问月老和丘比特的档期之前，我更关心的，是你把自己的单身生活过得怎么样？或者说，想把单身生活过好的人，状态应该是怎么样的？

　　这个问题的答案其实很简单，你不妨想想：

如果你是异性，你会不会爱上现在的自己？

如果某时某地，你纯属偶然地遇到了前任，你希望当时的自己是一个怎样的状态，可以让对方后悔而不是暗自庆幸，可以不给自己难堪？

说得再直白一点儿，如果哪一天，你和另外一个男生喜欢上了同一个女生，你应该也希望自己会是那个能让对方输得心服口服、完全没脾气的优质情敌吧？

可是，我想请你认真打量一下镜子里不修边幅的自己，我想麻烦你回过头，看一眼自己身后这个在凌乱中挣扎的家。

你习惯待在自己的世界里，除了打打游戏，就没什么特别的爱好了，如果真要算的话，每个月你都会买几本书，但大部分也就只是开了封，读读前言，再翻翻彩页，真正完整读下来的根本就寥寥无几。

你无数下决心，要跑步、健身、游泳，但你实在是太"忙"了呀，就连想考个驾驶执照你都嚷嚷了两年也没去报名。

偶尔看个电影，如果赶上情绪爆发，能弄得自己老泪纵横的；偶尔听听歌，大概还是从以前学生时代就一直喜欢过来的老歌；偶尔出门爬个山，还得是朋友生拉硬拽才肯去，一边爬还一边在不停地碎碎念：以后再也不来了，累死我了。

你很宅，周末的时候，一天可能就只出去一次，逛逛超市，买些吃的用的，然后在快到家的时候，顺道拐进小区门口的水果店。结果，大概连你自己都没有发现，如果没有电话打进来，你一整天就只是跟水果店的店员说了三句话：

"这芒果麻烦帮我称四个。"

"多少钱？"

"谢谢。"

你看，你就是那种不太会主动联系别人的人，很可能，你一天说的话都不如别人高兴时哼的歌词多。

如果你目前过的是这样的日子，你自己说说看吧，连你自己都觉得无趣，连你自己都懒得过，你还怎么奢望别人来欣赏你？

04 🗝🗝

现在有一些人，想结婚的原因是"早已到了适婚年

龄""父母催啊""他对我蛮好的，算了，就他吧"。在爱情
面前，很多人被自己催、被对方催、被七姑八姨催，催来催
去就把自己催得火急火燎的。于是就出现了两拨人，其中之
一是当自己的单身生活尚且过得自顾不暇、战战兢兢的时候，
就拉了另一个人进来，至于两个人今后的生活如何，也许就
全凭造化了。

而另外的一拨人，特别是女孩子，她们与孤独相爱相杀，
不肯将就，而于此同时，她们卯足了劲儿奋斗着、努力着，
把自己的生活打理得光彩照人。像这样的女生，如果有一天
她真的遇到一个三观不正、超级不靠谱的男生追她，她大概
会悠悠地甩给他一句：麻烦您看清楚了，本姑娘这么努力，
就是为了不必嫁给像你这样的人。

**其实，你是否想过，什么年龄才是适婚年龄？它是谁定下
来的？这个说法真的合理吗？我们每个人都必须要接受这个标
准的审判吗？**

实际上，我们正在渐渐进入一个更大更新的时代，大城
市当然有它的冷漠和疏离，但也有着它强大的包容性，夏天
穿着露脐装上街不会有人对你指指点点说三道四；三十多岁

没结婚也不会被周围人过度妖魔化；你说你买了票要听音乐会、看话剧，没有人会酸你"贱人就是矫情"；你提什么自媒体、股票、理财也会有人听得懂。

说到底，每个人都有自己的人生要过，而你总要允许别人有权力去选择他真正想要的，允许别人去走一条与你完全不同的路。

所以，如果是单身，愿你吃火锅每次都能捞到最想吃的，吃披萨能拿到奶酪最厚的，吃饺子能夹到馅儿最多的。

如果脱单了，愿你与爱的人相处时，有废话可讲，有有趣的故事可说，把真实又千滋百味的人生一点一点挥霍完。

28

男友力训练笔记

不是所有女生都愿意吃霸道总裁那一套，

所以，偶尔霸道可以，但别入戏太深。

恋爱关系也需要角色更替，

让一方努力太久、付出太多，哪能不疲惫？

"你负责赚钱养家，我负责貌美如花"。

女生未必会这么要求你，
但她一定希望你为此努力。

痴情的人
才容易做主角

01 ,,

　　有一段时间，被一部叫做《最好的我们》的网播电视剧在群里刷屏了。

　　大概是被现在一些青春偶像剧给弄得生无可恋了，我其实算是很少看电视剧，总觉得光凭小鲜肉们的高颜值，也完全拯救不了烂俗又狗血、雷人又雷同的剧情对于我的三观造成的巨大伤害。

　　但是有一天周末闲下来，看到群里好几个人都在聊这部剧，就动手找来看了。本来并没抱太大期待，想着就只看看开头和结局而已，但却出乎意料地觉得这剧竟然还不赖。

演员们的妆没有像韩剧那样精致到夸张，演技很舒服，连名字也都取得很好听——耿耿、余淮、路星河、简单……十几二十岁的他们，生活在我们每个人最渴望留住的年纪，一脸的胶原蛋白，一身的无畏和勇敢，真好。

其实，最初给我安利这部剧的人，是在高中时期和我同学三年的一个女生，每次分班我们都很巧合地分在一个班里。

现在想想，她和他老公，大概就像是我们班里当年的耿耿和余淮，关于这两个人的故事，那真正是从校服到婚纱，现世安稳，岁月静好，他们的儿子现在都一岁半了。

为了这部剧，我后来特意去翻了翻微博，毫不意外，很多人关注的焦点都在耿耿和余淮这对男一号、女一号的身上，可是，这部剧真正触动我的点，却发生在男二号路星河的身上。

在电视和电影的剧本里，男二号通常就是用来当炮灰的，尤其是当这个男二号又是一个情商在线、颜值也在线的优质男的时候更会加分，会赚到观众很多的心疼。

没有一个人的青春是完美的，也正因为如此，在整部电视剧里，其实路星河才是那个最像、最接近我们的人，我们都和曾经的他一样，带着傲气，带着遗憾，带着牵挂，甚至带着秘密，走过自己的整个青春时代，而且，我们注定还要带着所有这些东西继续走下去。

于是，每次当"青春"这两个字一出现，我们总会觉得，那段再也追不回来的时光，似乎欠下了我们几样东西，可能是一张牛 X 的高分卷子，也可能是那么想等到的一句告白、一封情书，然后再引出一个无比美好的故事。

可惜的是，有些故事，早在第一天就已经写好了结局。就像所有人都随口说得出那句"耿耿于怀"，但我们却始终不会记得《长恨歌》里还有一句——"迟迟钟鼓初长夜，耿耿星河欲曙天"。

耿耿始终喜欢着余淮，但是，十六岁的耿耿，也会永远记住十六岁的路星河，她懂他的好，他也懂她的选择。他们没有在一起，但他也终于用他温柔的执着，在她的十六岁里安营扎寨。

02 „

《最好的我们》里，路星河曾经对耿耿说：

在什么都不懂的十六岁，你遇见我，从那以后，再也没有觉得孤单，就这么一直过日子。岁月就像一个安静的小偷，很快我们就要走到一扇扇冰冷的大门面前，门上写着：毕业、工作、结婚、生育、衰老和死亡。我打开了一扇门，却遇见了你。

相互爱着的人，都会为了彼此改变，而那些暗恋着、甘心付出着的人又何尝不是呢？

他们也在为了自己心里所裹藏着的那个人慢慢变化着，默默成长着，不管那个人知不知道、能不能被感动，也不管最后的结果会是怎样。而你又能说，这样的改变并无意义吗？

小时候，我们都曾一相情愿地以为，静香将来一定会嫁给大雄，晴子也一定会和樱木花道在一起，但是现实很可能并非这样。嫁给初恋，一生只够爱一人，这越来越像是爱情里概率极小的事。

所以，对于那些在事与愿违的生活里辛苦挣扎过的人，我们都该相信，他也一定会有属于他自己的幸福，他会是另外一个故事里的主角——既然他那么好，又怎么会没有对的人喜欢他、爱上他呢？

现实当中我更愿意相信，痴情的人才更容易做主角。

其实，路星河也是幸运的，毕竟，耿耿是知道他的心意的，而这世上又有多少人，是带着没有好好说出口的秘密就失散的，彼此都不知道。

我理解，我想，你也理解。

03 ,,

高中的时候，我觉得自己好像暗恋上了班里的一个男生。他很高，篮球打得很帅，很喜欢周杰伦，然后爱屋及乌，我也开始喜欢了。

记得刚开始，我在那个128兆的 MP3 里存了三首周杰伦的歌，后来就一发不可收拾，他的歌始终牢牢占据着我的移动音频设备的绝大部分空间。

当时我总是在想，班里的那个男孩，他在去打篮球的路上，在回家的车里，在关灯睡觉之前，耳机里会不会和我听的是同一首歌，又同样觉得那么好听？我甚至还在想，将来会不会真的有那么一天，他会陪我一起，去看一场周杰伦的演唱会。

最后我当然没有和班里的那个男生走在一起，那最多算是青春时期的一段懵懂青涩的好感而已，慢慢地也就淡忘了，反而，对周杰伦的欣赏和喜爱却结结实实地在心里扎下根来，他出的专辑我几乎张张不落都买了。

你看，喜欢过一个人，多多少少他就一定会在你的生命里留下一些痕迹，经年犹在。

至于隔壁班的那个男生，如今就只剩下那张毕业大合影里的一个人像而已，也说不定，后来陪在他身边的，是一个从来都不爱听周杰伦歌的姑娘。

后来，在上大学的时候，我们专业的导员是一个性格特别好的女生，刚刚硕士毕业。我到现在都记得，在私下闲聊天的时候她曾经跟我说，在这个世界上，最讲道理但同时也是最不讲道理的，就是感情这东西。

你喜欢他、他也喜欢你，你们俩在一起很合理，你们为了彼此而拒绝其他的人也合理。但是如果有一天，他不喜欢你了或者你不喜欢他了，你们谁也不能说：不行，不能分，这不合理啊。

其实，如果把很多事放在一个更加长远的链条里去考虑，你会释然很多，毕竟，某个人当初亏欠你的，也许将来你在别处都能得到。

29

男友力训练笔记

痴情一点儿，
善良一点儿，
长情一点儿，

这样的男生，爱情运基本都不会太差。

人人都挺怕自己被看穿的，

所以，要懂得点到即止，她嘴硬的，别非要揭穿；
她真的不想谈的，别逼问到底。

"我养你"这句话，

想好了再说，
说了要算数。

暖男

可不是这么当的

01 ,,

大四那年的冬天，丁琳有一次坐火车回老家，十几个小时的硬座。半夜里她都不太敢睡，怕丢了东西，但是她实在是太困了，迷迷糊糊打了个盹儿，然后觉得有点儿不对劲儿，睁开眼睛，身边坐着一个戴着帽子、眼神诡异、邋里邋遢的男人，正在试着拉开她抱在手里的背包的拉链。

她真的吓坏了，想喊又不太敢。

大概是算准了停站的时间，这时候刚好广播火车到站，男人就迅速下车了。

丁琳惊魂未定，第一反应就是给男朋友打电话，当时已经是后半夜三点钟。可她万万没有想到的是，还没等她开口说自己有多害怕，男友接起电话不管三七二十一，直接就是一句："你不是知道吗？我现在每天六点半就要起床复习准备考研，你这时候还给我打电话，是不是有点儿太自私了？"

那一刻，她心里真的是一凉到底。毕竟，她想要的就只是一两句安慰她的话，仅此而已。千万别小看了这一两句话，对当时的她来说，那可能比十个香奈儿的包包都贵重得多。

至于后来的结局，大概你已经猜到——丁琳在火车上打过那个后半夜三点钟的电话以后，就决定分手了，没有任何犹豫，而男生的考研成绩也不错，读了研，后来好像出了国。

女人其实都像一种需要很多很多爱的"小动物"似的，都想找个可以实实在在温暖她、保护她的暖男，给她惊喜，给她安定，给她足够的安全感。在女人眼里，爱情最楚楚动人的样子，就是那种接地气儿的温暖。

当然，话说回来，这件事倒也上升不到人品的层面，也许，这个男朋友不是不暖，只是不够爱她，而将来的他大概会遇到那么一个人，让他舍不得有丝毫的冷落。

02 ,,

男人最喜欢什么？喜欢赌博，以小博大他才觉得够刺激、够痛快。

女人最害怕什么？最怕突如其来又不肯负责任的喜欢。

有些男生，追女生的耐心基本不会超过半个月，而具体方式就是：

请女生吃了一次路边摊的脏串儿就敢说自己约会了，付出了；

下雨了发去四个字"记得带伞"就认为女生应该感动，应该从里面读出一大堆的潜台词：看见没，我可是暖男，我真的是太关你心了，我对你多好啊。

发个五块两毛一的红包就敢说那是代表"我爱你"，女生要是问他：那你喜欢我什么啊，他说什么都喜欢。

关键是：凭什么啊？女生凭什么要因为几根串儿、一条信息、一个五块两毛一的红包就喜欢你？

《喜剧之王》里，柳飘飘认定尹天仇，是因为他愿意每天都像打了鸡血一样地跑龙套，就是为了兑现他的那一句

"我养你啊"。

《北京遇上西雅图》里，文佳佳认定弗兰克，是因为他愿意每天早上穿过三条街，为她买来最爱吃的豆浆油条。

《一百零一次求婚》里，大提琴女神叶薰被装修工黄达感动，是因为他为了给身高超过一米七的她打造一把特制的提琴椅，就每天踩着十几厘米的高跟鞋去测试出一个最舒服的高度。

你看，很多爱情的开始都是因为细节，人会说谎，但是细节不会。

03 ,,

有些女生常常爱自诩为吃货，那好吧，一枚吃货的爱情观会是什么样的？

关于选择。

说得日常一点儿，选谁与不选谁就像个人口味一样，任你把青椒做出什么花样来我都咽不下去，可换了是豆腐，就算你只淋了两勺酱油就端上来，我基本也能吃得爽快麻利，风卷残云。

你喜欢苹果，可这世界上一定有一些人不爱吃，而他偏偏就是其中之一。他就爱吃橘子，就算再好吃的苹果他都不爱，哪怕你列出再多的证据，说这苹果多新鲜、多甜、多有营养、对健康多有益处都不行。他就是不喜欢苹果的味道，就这么简单。

口味这件事，没办法。所以，和谁分手、和谁在一起，不见得就说明前任比现任差，只不过，真的就像莫文蔚唱的——"总之那几年，你们两个没有缘"。

关于改变。

小时候，你最讨厌吃香菜，连它的味道都闻不得，你坚信自己这一辈子都会和它势不两立，水火不相容。但是忽然有一天，你竟然疯狂地迷恋上了它，没有任何预兆。

小时候，你最爱吃西红柿炒蛋，以为自己这一辈子都会爱吃。可等你长大了，不爱吃了就怎么都不爱吃了，依然没有任何预兆。你就是开始讨厌这种在酸甜咸之间模棱两可的味道，相比起来，你倒是宁肯去吃一碗没什么营养的酱油炒饭。

你没错，香菜没错，西红柿炒蛋也没错，错的就只有那些自以为是的一辈子。

关于等待。

爱情里的另一个误会，就是总觉得自己还有很多机会，总想着再观望观望、考验考验。可其实呢，时间一晃就是好久，于是，热汤面等不到卤牛肉、烧肥肠一样能上桌；大闸蟹来不及香辣，那清蒸也可以替补啊；春饼是卷土豆丝、酸菜粉儿还是黄豆芽，还不就是一句话、分分钟的事儿吗。

所以，不管是"命中注定"还是"非你不可"，大都只是一说一听而已，不必太当真。毕竟，老话说得好——过了这个村可就没这个店儿了。

30

男友力训练笔记

在她问的问题里，
百分之七十五以上她都是知道答案的，
只不过是想听到从你嘴里说出来。

所以，务必想好了再说。

感情变淡基本都是从
懒得说、懒得吵、懒得理

开始的。

你可以不爱表达、不善言辞，
你可以腼腆、木讷，
这不重要，

不重要

重要的是你要让她能够认定你是
"做得多说得少"的那一款，
她甚至偶尔会觉得你不是那么在乎她，
但是你要让她发现，
她想不到的，你竟然都替她想好了。

重要

上架建议／畅销·励志

ISBN 978-7-5143-5899-5

亚洲
好书榜
粉丝力量
FANS POWER

微博客户端
扫描条形码为本书打榜

9 787514 358995 >

定价: 39.80 元